MIYAMOTO MUSASHI

Trente-cinq articles sur la stratégie

Heihō sanjūgo kajō

Traduit par Baptiste Tavernier
Edité et commenté avec la collaboration de Sergio Boffa

www.kendo-world.com

ISBN 978-4-907009-30-4

Couverture :「兵法」. Calligraphie par Fuh-Mi.

5

Remerciements

Loin d'être un projet mené en solitaire, cette traduction commentée du *Heihō sanjūgo kajō* est avant tout le fruit d'un travail collectif dont nous ne sommes, au final, que de bien humbles rapporteurs.

Ce collectif s'est naturellement centré sur cette dualité, chère aux Japonais, qu'est la *plume* (en l'occurrence le pinceau) et le *sabre*. Nous tenions donc à remercier avant tout le professeur Uozumi Takashi, de l'International Budo University (Katsuura, préfecture de Chiba) et de l'Open University of Japan (Makuhari, préfecture de Chiba) pour son aide inestimable ainsi que la mise à notre disposition de ses nombreuses archives et publications concernant Miyamoto Musashi.

Le sabre, quant à lui, est incarné par Yoshida Tomō, dont la famille préserve depuis plusieurs générations deux branches des traditions Shinkage-ryū et Ittō-ryū, sans doute les deux « écoles » de sabre les plus importantes du Japon à l'époque de Musashi. Sans ses précieux conseils sur la technique du sabre en général et ses commentaires sur les conceptions de Miyamoto Musashi en particulier, ce projet n'aurait jamais abouti.

Cette étude s'est étalée sur six années, le sabre dans une main et la plume dans l'autre, sous la direction de ces deux maîtres et avec l'aide de nombreuses personnes. Qu'elles soient toutes ici remerciées, et tout particulièrement Tatsugi Yukitoshi, professeur à l'International Budo University en charge du département d'aïkido.

Les arts martiaux japonais nécessitent un apprentissage rigoureux et il fallait que cette rigueur se retrouve aussi dans ce livre. Même si nous ne pouvons prétendre présenter un travail

6

rigoureusement académique, nous avons essayé de nous en rapprocher au mieux.

Enfin, nous nous devions d'exprimer toute notre reconnaissance à nos épouses Naoko pour leur patience et leur aide déterminantes dans la réalisation de ce projet.

Miyamoto Musashi, 『紅梅鳩図』(*Pigeon sur un prunier en fleurs*)
Encre sur papier, 105 x 38cm
(Eisei-Bunko Museum)

Introduction

Miyamoto Musashi

Miyamoto Musashi [1] (1582-1645) est un personnage fascinant. Il est sans nul doute le guerrier le plus populaire du Japon, et pourtant, personne ne peut parler de sa vie avec certitude. Des pièces de théâtre kabuki, des *kōdan* (講談, contes japonais), des *kusazōshi* (草双紙, genre littéraire illustré, gravé sur bois puis imprimé), ainsi que de nombreux livres ont été écrits à son sujet. Héros de bandes dessinées, de films, de séries télévisées et de dessins animés depuis quelques années déjà, il apparaît même désormais dans plusieurs jeux vidéos...

Ainsi, les médias classiques ou modernes ont façonné un portrait fictif très éloigné de la réalité, mais pourtant si bien ancré dans l'imaginaire collectif, que le seul moyen de démêler le vrai du faux est de se plonger avec courage dans les sources de l'ère Edo (1603-1868) afin de reconstituer petit à petit le puzzle de sa vie.

Malheureusement, les documents relatifs aux faits et gestes de Musashi sont en général postérieurs à la parution en 1716, soit plus de soixante ans après sa mort, du *Honchō bugei shōden* [2] « Histoires des arts martiaux du Japon », rédigé par Hinatsu Shigetaka (1660-1731). Le *Bushū denraiki* [3] de Tachibana

---

1. En japonais 宮本武蔵. Sa date de naissance fait aujourd'hui encore l'objet de débats. Nous adoptons dans ce livre le point de vue du professeur Uozumi Takashi qui propose 1582.

Pour une biographie de Miyamoto Musashi, se référer à Tokitsu Kenji, *Miyamoto Musashi, Maître de sabre japonais du XVIIᵉ siècle, L'homme et l'œuvre, mythe et réalité*, Gap, Edition DésIris, 1998.

2. *Honchō bugei shōden*『本朝武芸小伝』, par Hinatsu Shigetaka (日夏繁高). Une traduction anglaise a été publiée dans *Monumenta nipponica*, au début des années 1990. Pour l'article sur Musashi, cf. Rogers John M., « Arts of war in times of peace, Swordsmanship in Honcho Bugei Shoden, chapter 6 », in *Monumenta nipponica*, vol. 46-2, 1991, p. 173-202.

3. *Bushū denraiki*『武州伝来記』, par Tachibana Minehira (立花峯

Minehira (1671-1746), écrit en 1727, le *Bukōden*[4] de Toyoda Masanaga (†1764), achevé en 1755, et le *Nitenki*[5], écrit en 1776 par Toyoda Kagehide (1739-1799), le petit-fils de Masanaga, sont souvent cités comme sources principales des récits sur la vie de Musashi. Cependant, le contenu du *Bukōden* est globalement contesté par la communauté scientifique au Japon ; quant au *Nitenki*, il emprunte très largement au *Bukōden* et comporte en outre de nombreux embellissements et modifications. On comprend donc qu'aucune biographie sérieuse ne saurait être établie à partir de ces ouvrages, compilés de très nombreuses années après la mort du guerrier.

Hinatsu Shigetaka explique dans le *Honchō bugei shōden* que Musashi est né à Harima[6] et qu'après avoir étudié le *jutte*[7] avec son père, il décida d'en adapter les techniques à l'utilisation des deux sabres. Il affirme ensuite que Musashi a participé à une soixantaine de duels au cours de sa vie et en décrit plusieurs :

- Le duel contre Arima Kihei[8], lorsque Musashi n'a que 13 ans.

均). Pour la traduction anglaise, se référer à DE LANGE William, *The Real Musashi, Origins of a legend, The Bushū denraiki*, Warren, Floating World Editions, 2010.

4. *Bukōden*『武公伝』, par Toyoda Masanaga (豊田正脩). Pour la traduction anglaise, se référer à DE LANGE William, *The Real Musashi, Origins of a legend II., The Bukōden*, Warren, Floating World Editions, 2011.

5. *Nitenki*『二天記』, par Toyoda Kagehide (豊田景英).

6. 播磨.

7. Le *jutte* (十手) est une arme courte en métal, en général sans pointe ni tranchant mais qui possède un crochet comme garde permettant par exemple d'immobiliser un sabre après l'avoir paré. Le *jutte* est parfois utilisé de concert avec un *tessen* (鉄扇) ou éventail à lames de fer.

8. 有馬喜兵衛.

- Le duel à Tajima[9] contre Akiyama[10], à l'âge de 16 ans.
- Les duels contre le clan Yoshioka[11] à Kyoto.
- Le duel contre Ganryū[12] sur l'île de Funashima[13].

Hinatsu Shigetaka enregistre déjà plusieurs témoignages discordants au sujet de ces duels. Par exemple, certains racontent que Musashi vainquit Yoshioka Seijūrō[14] avec un sabre, alors que d'autres le dépeignent combattant avec deux sabres, tandis qu'un troisième témoignage fait état d'un match nul.

Les documents datant du vivant de Musashi restent extrêmement rares. Parmi les sources posthumes, la plus ancienne et la plus importante est probablement l'épitaphe gravé sur une pierre en 1654 par le fils adoptif de Musashi, Miyamoto Iori[15]. Ce monument se trouve à Kokura[16], au nord de l'île de Kyushu. En voici la traduction[17] :

Monument érigé avec respect le 19ᵉ jour du 4ᵉ mois, 3ᵉ année de Jōō [4 juin 1654], par son fils dévoué.

---

9. 但馬.

10. 秋山.

11. 吉岡家.

12. 巖流, plus connu sous le nom de Sasaki Kojirō (佐々木小次郎).

13. 舟島.

14. 吉岡清十郎.

15. 宮本伊織 (1612-1618). Un an auparavant, en 1653, Iori laisse également au sanctuaire de Tomari (泊) une inscription dans laquelle il mentionne brièvement son père adoptif.

16. 小倉.

17. L'épitaphe est écrit en *kanbun*, ou style chinois classique. Cette traduction se base sur la version donnée dans FUKUDA Masahide, *Miyamoto Musashi, Kenkyū ronbunshū*, Tokyo, Rekiken, 2003, p. 200-204. Nous redonnons le texte original en annexe 1 de ce livre.

14

Monument au défunt Shinmen Musashi Genshin Niten [18], *descendant des Akamatsu* [19] *de Harima, maître de stratégie* (heihō) [20] *sans égal sous le ciel.*

Décédé le 19ᵉ jour du 5ᵉ mois, 2ᵉ année de Shōhō [13 juin 1645] à Kumamoto dans la province de Higo [21].

Les grands généraux savent saisir chaque opportunité et s'adapter aux circonstances. Le devoir du soldat est d'étudier les arts martiaux et d'apprendre la stratégie.

Qui fut cet homme, qui eut à cœur d'étudier les arts civils et les arts martiaux, dont les mains dansaient sur les champs de bataille, et dont l'honneur demeurait inébranlable ? Un héros de la province de Harima, répondant au nom de Musashi Genshin Niten, descendant des Shinmen d'Akamatsu. J'ai le souvenir d'un homme d'une grande magnanimité et qui ne se souciait guère des affaires de moindre importance. Il était le fondateur de l'escrime à deux sabres.

Son père s'appelait Shinmen Muni [22], *un expert dans l'art du* jutte. *Musashi apprit les techniques de son père et les étudia du matin au soir. Il réfléchit longuement et finit par découvrir une vérité inestimable : le* jutte *a en réalité un immense avantage sur le sabre, mais c'est une arme que l'on n'emporte pas souvent avec soi. Par contre chacun porte deux sabres à la ceinture. Si on utilisait les deux sabres selon les principes du* jutte, *on ne pouvait pas*

---

18. 流新免武蔵玄信二天.

19. 赤松.

20. Le mot *heihō* renvoie aussi bien à l'escrime qu'à la stratégie militaire.

21. 肥後.

22. 新免無二 (dates inconnues). On l'appelle aussi parfois Munisai.

commettre d'erreur. Ainsi, il se détourna du jutte *et choisit de devenir un expert dans l'art ultime des deux sabres.*

Il pouvait lancer ses sabres, qu'il fussent de fer ou de bois, avec la même énergie qu'une puissante arbalète [23]. Ses adversaires battaient en retraite, couraient, mais jamais ne pouvaient s'échapper. Il ne ratait jamais sa cible, et pas même Yō Yū [24] n'aurait pu rivaliser avec lui.

Il maîtrisait l'art du sabre et son corps irradiait la bravoure.

Il fit ses débuts à l'âge de treize ans. Il arriva à Harima et les choses s'envenimèrent avec un certain Arima Kihei, adepte de la tradition Shintō-ryū [25]. Il fut donc convenu d'un duel. Il vainquit son adversaire en un seul coup.

À seize ans, il arriva au printemps dans la province de Tajima. Il y avait un maître de sabre à la force exceptionnelle nommé Akiyama. Cette fois encore un duel fut arrangé. Il l'attaqua et le tua avec facilité. Sa réputation fit le tour de la région.

Ensuite, il se rendit à la capitale [26]. Là vivaient les Yoshioka, les plus grands experts dans l'art du sabre que connaissait la terre de l'Arbre Sacré [27]. Il sollicita alors un duel. Seijūrō, héritier du clan Yoshioka, le rejoignit à l'extérieur de la ville, à Rendaino [28]. Là, ils combattirent comme dragon et tigre. Il obtint la victoire d'un seul coup

---

23. Le texte donne *ishiyumi* (弩) : arbalète ou petite catapulte.

24. 養由. Archer chinois des temps anciens. On raconte qu'il décocha cent flèches à la suite et qu'elles atteignirent toutes leur cible.

25. 新当流. Il existe à l'époque de Musashi plusieurs branches de cette tradition et l'on ne sait pas exactement de laquelle Arima Kihei se réclamait.

26. Kyoto.

27. 扶桑 (*Fusō*) : Arbre Sacré non loin duquel le soleil se lève. Ancien terme chinois pour désigner le Japon.

28. 蓮台野.

de son sabre en bois. Yoshioka tomba face contre terre et perdit connaissance [29]. *Comme il avait été défait en un seul coup, Yoshioka fut épargné. Ses disciples vinrent à son secours et le transportèrent sur une planche. Il se rétablit finalement grâce à des médicaments et des bains aux sources thermales. Il renonça alors au sabre et prit la tonsure.*

Un peu plus tard, un duel contre Yoshioka Denshichirō [30] *fut arrangé en dehors de la ville. Denshichirō se présenta avec un sabre en bois d'une longueur supérieure à cinq shaku* [31]. *Musashi, s'adaptant alors aux circonstances, parvint à subtiliser l'arme de son adversaire et à s'en servir pour le terrasser. Yoshioka mourut sur le coup.*

Furieux, les disciples des Yoshioka tinrent un conciliabule : « *Nous ne pouvons gagner contre un guerrier si puissant.* » *Ils décidèrent alors d'une stratégie puis retrouvèrent Yoshioka Matashichirō* [32] *à Sagarimatsu* [33], *un lieu à la périphérie de la capitale. Un nombre important de disciples, armés de bâtons et d'arcs, voulurent s'en prendre à Musashi. Toutefois, ce dernier avait un don extrêmement développé, celui d'anticiper les mouvements de ses adversaires. Il devina le piège et convoqua en secrets ses propres disciples :* « *Cela ne vous concerne pas. Veuillez ne pas vous en mêler. Que mon ennemi juré rassemble quelques adeptes ou une armée entière, je m'occuperai de cette affaire moi-même, serein comme les nuages qui flottent. Je n'ai aucunement peur.* »

---

29. Le texte en japonais indique « cessa de respirer »...
30. 吉岡伝七郎.
31. Environ 151 cm (1 *shaku* = 30,3 cm environ).
32. 吉岡亦七郎.
33. 下り松.

En effet, il parvint à disperser ses ennemis qui s'enfuirent comme chassés par une bête sauvage. Ceux-ci rentrèrent chez eux, tremblant de peur. Les gens de la capitale furent pris d'admiration. Grâce à sa bravoure et à sa stratégie, un seul homme avait tenu tête à une myriade d'ennemis. C'était donc ça les fabuleux pouvoirs d'un véritable guerrier.

Avant toute cette affaire, les Yoshioka avaient été, sur plusieurs générations, les instructeurs du shogun, et l'on disait qu'ils étaient les plus grands experts dans l'art du sabre de toute la terre de l'Arbre Sacré. Durant le règne d'Ashikaga Yoshiaki [34]*, Shinmen Muni avait été invité à se battre en duel avec Yoshioka* [35]*. Sur trois duels, Yoshioka obtint une victoire mais Shinmen Muni remporta les deux autres. Il reçut en récompense le titre de « Sans égal sous le soleil, dans la stratégie et le sabre ». Après l'arrivée de Musashi dans la capitale, les Yoshioka subirent plusieurs défaites, et leur tradition martiale s'éteignit.*

Il y avait un grand expert du sabre qui s'appelait Ganryū. Musashi décida de l'affronter en duel. Ganryū dit alors qu'il utiliserait son sabre, ce à quoi Musashi répondit : « Tu peux utiliser ta lame étincelante [36] *et tous ses avantages. Quant à moi, je viendrai avec un sabre en bois et je te dévoilerai ses secrets. » Une promesse fut scellée. Entre Nagato* [37] *et Buzen* [38]*, au milieu de la mer, se trouvait l'île de Funashima. Les deux guerriers y arrivèrent en même temps.*

34. 足利義昭 (r. 1568-1588).

35. Le prénom est absent du texte.

36. La légende raconte que sa lame était signée Bizen Osafune Nagamitsu (備前長船長光) ; Nagamitsu étant l'un des plus célèbres forgerons de la fin du XIIIᵉ siècle.

37. 長門.

38. 豊前.

Ganryū vint avec une lame de trois shaku [39] et combattit sans se soucier de sa vie. Musashi le tua d'un seul coup de son sabre en bois. Il fut plus rapide que l'éclair. A la suite de cela, l'île de Funashima fut rebaptisée Ganryū-jima.

De l'âge de treize ans à celui d'homme mûr, il a participé à plus de soixante duels et n'a jamais perdu. Il disait souvent : « Je ne me considère victorieux que lorsque j'arrive à frapper l'ennemi entre les deux sourcils. » Pas une fois il ne se contredit sur ce sujet.

Depuis les temps anciens, des milliers et des milliers d'hommes se sont battus en duel à travers tout le pays. Ces guerriers héroïques ont terrassé ceux qui leur faisaient face, et pourtant nous avons oublié leurs noms. Musashi, lui, est unique. Que ce soit chez les stratèges reconnus ou à travers les provinces barbares aux frontières du pays [40], son honneur est toujours sur les lèvres des anciens, et les gens d'aujourd'hui restent profondément impressionnés par ses exploits. En effet, tous admettent qu'il était étrange et merveilleux, fort et brave, très différent des hommes de son temps.

Musashi avait coutume de dire : « L'esprit comprend les arts de la guerre à travers la pratique. S'il ne reste plus une once de conscience de soi, c'est à dire si on a plus peur de rien sur le champ de bataille, alors commander une importante armée ou diriger un pays n'a rien de difficile. »

Les valeureux services rendus par Musashi lors de

---

39. Environ 91 cm.

40. Iori écrit ici 四夷 qui signifie littéralement « les régions barbares encerclant la Chine ». L'épitaphe est écrit en *kanbun,* ou style chinois classique, mais il est probable que 四夷 soit ici une métaphore pour désigner les régions reculées du Japon.

la rébellion d'Ishida Jibu-no-shō [41], vassal du Régent Toyotomi [42], puis pendant la campagne d'Osaka [43] dans la province de Settsu [44] restent dans toutes les bouches et sur toutes les langues, par-delà les mers et les vallées. Les mots ne suffisent pas pour le louer ; les lettres manquent pour en conter les exploits.

Il était versé dans les codes de la société [45], la musique, le tir à l'arc, l'équitation, les lettres et les mathématiques. On le disait également doué dans les arts mineurs, et il pouvait à peu près tout fabriquer. C'était un homme extraordinaire.

Sur son lit de mort, dans la province de Higo, il écrivit ces derniers mots : « Même si je dois rejoindre les cieux, l'art ultime du combat au sabre [46] ne s'éteindra jamais. »

Moi, son fils dévoué, j'ai érigé ce monument afin que sa mémoire perdure à jamais et que les générations futures puissent connaître ses exploits.

Ah ! Quel homme extraordinaire il fut !

Voilà donc le récit de la vie de Musashi fait par son fils neuf ans après sa mort.

Cette trame biographique laissée par Iori nous donne des éléments intéressants sur la vie de Musashi, mais laisse de nombreuses zones d'ombre susceptibles d'engendrer

41. Il s'agit d'Ishida Mitsunari (石田三成, 1559-1600). La « rébellion d'Ishida Jibu-no-shō » désigne probablement les événements liés à la bataille de Sekigahara qui eut lieu le 21 octobre 1600.

42. C'est-à-dire Toyotomi Hideyoshi (豊臣秀吉, r. 1585-1591).

43. Il y eut deux sièges du château d'Osaka en 1614 et 1615. Il n'est pas précisé ici de quelle campagne il s'agit.

44. 摂州.

45. Etiquette.

46. Iori emploie ici le terme *heihō* (兵法) qui peut signifier aussi bien « stratégie » que « combat au sabre », ou bien encore « art martial ».

interprétations et fantaisies littéraires. Ainsi, à mesure que les années passent, conteurs et dramaturges vont graduellement déformer les faits, inventer des personnages et décrire des combats qui n'eurent probablement jamais lieu. Par exemple, en 1737, apparaît pour la première fois le nom « Sasaki » pour désigner Ganryū, dans la pièce *Kataki-uchi Ganryū-jima*[47] « Vengeance sur l'île de Ganryū ». L'adversaire de Musashi est d'ailleurs généralement connu de nos jours, au Japon comme à l'étranger, sous le patronyme inventé de Sasaki Kojirō et non pas sous son véritable nom. La pièce *Hana-ikada Ganryū-jima*[48] « Rivière de pétales sur l'île de Ganryū » écrite à peu près à la même période, met en scène une histoire d'amour entre Ganryū et la sœur de Musashi. La romance est de courte durée et le dénouement tragique...

Musashi devient ainsi au cours du XVIIIᵉ siècle un personnage romanesque. Les dramaturges et les biographes de l'ère Edo vont alors rivaliser d'inventions, entraînant l'émergence d'un univers fantasmé qui sera finalement cristallisé avec la publication en 1935 du roman-fleuve de Yoshikawa Eiji[49] : *Miyamoto Musashi*[50] et son adaptation cinématographique dès 1954 dans la trilogie du même nom, avec dans le rôle principal la star du cinéma japonais d'après-guerre, Mifune Toshirō[51].

L'œuvre de Miyamoto Musashi

Musashi fut un personnage relativement prolifique pour son

47.『敵討巌流島』.

48.『花筏巌流島』.

49. 吉川英治.

50. Divisé en deux tomes dans sa version française : *La pierre et le sabre*, suivi de *La parfaite lumière*.

51. 三船敏郎.

temps. Il est l'auteur de sept textes, de plusieurs dessins à l'encre, de calligraphies, de sculptures, etc.

Toutefois, son œuvre écrite ne fut découverte que très tardivement Il faut attendre 1909 et la publication du livre *Miyamoto Musashi* par la Miyamoto Musashi Iseki Kenshōkai[52], pour que ses écrits soient accessibles au « grand public ». En effet, si Musashi a rédigé plusieurs traités d'escrime et de stratégie au cours de sa vie, ceux-ci sont restés secrets, transmis uniquement de maître à disciple au sein des écoles martiales ou gardés jalousement par certaines familles. Par exemple, dans le *Honchō bugei shōden,* Hinatsu Shigetaka cite en intégralité l'épitaphe de Kokura, mais ne mentionne à aucun moment le *Gorin no sho*, pourtant le traité le plus célèbre du guerrier. Hinatsu en ignorait probablement l'existence.

Au début du xxᵉ siècle, le kendo, alors en pleine expansion, s'approprie très vite les idées de Musashi quant à la pratique du sabre. Ses écrits sont alors repris et cités abondamment dans des ouvrages tels que le *Kendō hiyō*[53] et le *Bujutsu sōsho*[54], ou dans les travaux de Takano Sasaburō[55], de Yamada Jirōkichi[56] ou bien encore de Noma Hisashi[57].

Six des textes de Musashi traitent du combat au sabre alors que son dernier écrit est un recueil d'aphorismes sur la vie du samouraï. Les voici présentés dans l'ordre chronologique :

52. MIYAMOTO MUSASHI ISEKI KENSHŌKAI, *Miyamoto Musashi*, Tokyo, Miyamoto Musashi Iseki Kenshōkai, 1909.

53. MIHASHI Kan'ichirō (éd.), *Kendō hiyō*, Kyoto, Butokushi Hakkōjo, 1909.

54. HAYAKAWA Junzaburō (éd.), *Bujutsu Sōsho*, Tokyo, Hachiman Shoten, 2003 (1ère édition : 1915).

55. TAKANO Sasaburō, *Kendō*, Tokyo, Shimazu Shobō, 1982 (1ère édition : 1913).

56. YAMADA Jirōkichi, *Zoku kendō shūgi*, Tokyo, Suishinsha, 1923.

57. NOMA Hisashi, *Kendō tokuhon*, Tokyo, Kodansha, 1939.

- Le *Heidōkyō*『兵道鏡』écrit en 1605.
- Le *Heihō kakitsuke*『兵法書付』achevé en 1638. Ce texte reste très largement méconnu, même au Japon [58].
- Le *Heihō sanjūgo kajō*『兵法三十五箇条』datant de 1641.
- Le *Gohō no kamae no shidai*『五方の構の次第』est un addenda du *Heihō sanjūgo kajō* composé de cinq articles présentant chacun une garde. Le premier article fait encore débat puisque nous ne pouvons pas affirmer que Musashi en est bien l'auteur, ni préciser la date de sa rédaction. Les autres articles sont quant à eux tirés du *Heihō kakitsuke* [59].
- Le *Gohō no tachi no michi*『五方之太刀道』rédigé probablement entre 1642-43 [60].
- Le *Gorin no sho*『五輪書』achevé en 1645.
- Le *Dokkōdō*『独行道』rédigé en 1645, quelques jours avant sa mort.

Le *Gorin no sho* et le *Dokkōdō* ont été traduits dans différentes langues à plusieurs reprises [61]. Il existe également une traduction complète du *Heihō sanjūgo kajō* en anglais par David Groff [62], deux versions allemandes, l'une par Heiko Bittmann et Andreas

---

58. Concernant le *Heihō kakitsuke*, cf. Uozumi Takashi, *Miyamoto Musashi, Nihonjin no michi*, Tokyo, Perikansha, 2002, p. 297-311.

59. Concernant le *Gohō no kamae no shidai* , cf. Uozumi Takashi, *Teihon, Gorin no sho*, Tokyo, Shin Jinbutsu Ōraisha, 2005, p. 204-220.

60. Uozumi T., *Teihon, Gorin no sho*, p. 221-232.

61. Pour la traduction française du *Gorin no sho* et du *Dokkōdō*, se référer à Tokitsu K., *Miyamoto Musashi*. Pour la traduction anglaise, cf. Wilson William Scott, *The Book of Five Rings*, Tokyo, Kodansha International, 2001.

62. Groff, David K., *The Five Rings, Miyamoto Musashi's Art of Strategy*, Londres, Watkins Publishing, 2012, p. 216 - 237.

Niehaus [63] et l'autre par Machida Teruo [64], ainsi qu'une traduction partielle en français par Tokitsu Kenji [65]. Le *Heidōkyō*, le *Heihō kakitsuke* et le *Gohō no tachi no michi* n'ont, jusqu'à présent, été publiés qu'en japonais. Le *Gohō no kamae no shidai* se trouve en français dans le livre de Tokitsu Kenji [66].

Le *Heihō kakitsuke*, le *Heihō sanjūgo kajō*, et le *Gorin no sho* sont, dans l'œuvre de Musashi, indissociables et forment un cycle au cours duquel le guerrier mûrit sa pensée [67]. Certains aspects du combat au sabre sont abordés dans les trois essais, d'autres dans seulement deux ou parfois même exclusivement dans un seul d'entre eux. Lorsqu'un même article est présent dans plusieurs de ces textes, il aurait été intéressant d'en analyser non seulement le contenu, mais aussi le style avec lequel Musashi construit ses phrases. Malheureusement, il est extrêmement difficile de rendre en français certaines nuances de la langue japonaise, et ces nuances disparaissent bien souvent au moment de la traduction.

Le *Dokkōdō* quant à lui, est un recueil d'aphorismes, une sorte de testament moral et philosophique pour les générations futures et ne partage que peu de points communs avec les autres textes.

Dans le présent ouvrage, nous nous pencherons principalement sur le *Heihō sanjūgo kajō*, tout en faisant le lien, le cas échéant, avec le *Heihō kakitsuke* et le *Gorin no sho*.

---

63. BITTMANN Heiko, NIEHAUS Andreas, *Schwert und Samurai: Traktate zur japanischen Schwertkunst*, s.l., Heiko Bittmann, 2006, p. 33-68.

64. MACHIDA Teruo, « Die Essenz der Schwertkampftechniken von Miyamoto Musashi — Eine interpretative Übersetzung seiner „Heiho Sanjugokajo" — », in *Bulletin of Nippon Sport Science University*, vol.42-1, 2012, p. 51-66. La traduction de cet article en anglais se trouve dans le *Bulletin of Nippon Sport Science University*, vol.42-2, 2013, p. 165-179.

65. TOKITSU K, *Miyamoto Musashi*, p. 126-138.

66. TOKITSU K, *Miyamoto Musashi*, p. 134-137.

67. Nous discuterons du cas du *Heidōkyō* et du *Gohō no tachi no michi* plus loin.

Le *Heihō sanjūgo kajō*

Le *Heihō sanjūgo kajō* ou « Trente-cinq articles sur la stratégie » est daté de 1641. Musashi le destine à Hosokawa Tadatoshi [68] (1586-1641), seigneur du fief de Kumamoto [69] situé sur l'île de Kyushu, dont il est à la fois l'invité et le maître d'arme.

Il existe plusieurs copies manuscrites de ce texte, mais à ce jour, aucune n'a été formellement identifiée comme étant de la main de Musashi.

Les études sur le *Heihō sanjūgo kajō* se basent en général sur l'édition publiée par la Miyamoto Musashi Iseki Kenshōkai en 1909 [70]. Le manuscrit qui a servi à cette édition a disparu ; seules subsistent trois photographies dévoilant partiellement son contenu.

Il existe une seconde copie réalisée par Yamaoka Tesshū [71] (1836-1888) et compilée dans le *Shunpūkan bunko* [72], un recueil d'archives conservé au temple Zenshōan [73] à Tokyo.

L'école Enmei-ryū [74] à Nagoya possède trois autres copies [75] datant de la fin de l'ère Edo. Le fondateur de cette lignée, Takemura Yoemon Harutoshi [76], était l'un des fils adoptifs de Miyamoto Musashi. La première copie s'intitule *Enmei Heihō*

---

68. 細川忠利.

69. 熊本藩.

70. Miyamoto Musashi Iseki Kenshōkai, *Miyamoto Musashi*, p. 79-93.

71. 山岡鉄舟.

72. 『春風館文庫』.

73. 全生庵.

74. 円明流.

75. Pour une analyse des différentes copies, se reporter à Uozumi T., *Teihon, Gorin no sho*, p. 183.

76. 竹村与衛門玄利. On le nomme parfois Takemura Yoemon Yorizumi (竹村与衛門頼角).

sanjūgo kajō[77] et date de 1841. La seconde indique *Enmei kenjutsu*[78] et combine dans le même document le *Heidōkyō* et le *Heihō sanjūgo kajō*, ce dernier toutefois amputé de ses préface, postface, date et signature. La dernière, *Tenpō kaiki san kyū*[79], n'est pas datée et ne possède pas de préface.

Enfin, il existe une dernière copie à Kumamoto, dans la lignée de l'école Niten Ichi-ryū[80] transmise par Terao Kumenosuke[81], disciple direct de Miyamoto Musashi. Il manque dans ce manuscrit l'article 15[82] : « Franchir le point critique ». Par contre, il comporte quatre articles supplémentaires : trois tirés du *Gorin no sho* et un basé en partie sur le *Heihō kakitsuke*, et intitulé *Gohō no kamae no shidai*. On nomme généralement cette version augmentée le *Heihō sanjūkyū kajō*[83] ou « Trente-neuf articles sur la stratégie ». Si l'on excepte les quatre articles ajoutés et celui omis, le contenu du *Heihō sanjūkyū kajō* est identique à celui du *Heihō sanjūgo kajō*. Il existe plusieurs copies de cette version augmentée, chacune présentant quelques différences.

La version du *Heihō sanjūgo kajō* présentée et traduite dans cet ouvrage a été établie sur la comparaison de ces différentes copies par Uozumi Takashi[84].

Nous avons dit dans l'introduction de ce livre que le *Heihō kakitsuke*, le *Heihō sanjūgo kajō*, et le *Gorin no sho* formaient un cycle. En effet, une part importante du contenu du *Heihō kakitsuke* se retrouve soit quasiment *verbatim*, soit de façon

---

77.「円明兵法三拾五ヶ条」.

78.「円明剣術」.

79.「天保会記三九」.

80. 二天一流.

81. 寺尾求馬助.

82. Selon notre numérotation.

83.『兵法三十九箇条』.

84. Uozumi T., *Teihon, Gorin no sho*, p. 179-203.

précisée dans le *Heihō sanjūgo kajō* ; lequel voit à son tour la plupart de ses articles réutilisés dans le *Gorin no sho*. Certains passages du *Heihō kakitsuke* qui ne sont pas repris dans le *Heihō sanjūgo kajō* se retrouvent quant à eux dans le *Gorin no sho*. Les trois textes sont donc intimement liés.

Musashi termine son *Heihō kakitsuke* en 1638. Ce court traité sur le combat au sabre contient une introduction et quatorze articles. Le style et le contenu s'éloignent de ceux du *Heidōkyō,* l'œuvre de jeunesse de Musashi, pour se diriger peu à peu vers ceux du *Gorin no sho*.

Trois ans plus tard, en 1641, il signe le *Heihō sanjūgo kajō*. Un nombre important des éléments contenus dans le *Heihō kakitsuke* y sont repris, auxquels s'ajoute une vingtaine de nouveaux articles. Il est intéressant de noter que les « trente-cinq articles sur la stratégie » sont en réalité trente-six ! Le texte comporte en effet une préface et une postface, non comptabilisées, et trente-six articles. Certaines éditions japonaises, mais également certaines traductions [85], fusionnent les deux derniers articles pour arriver au bon compte. Mais dans l'édition de 1909 ou bien encore dans la copie de Yamaoka Tesshū, il y a bel et bien trente-six articles. Le post-scriptum de ces copies débute pourtant avec la phrase « *migi sanjūgo kajō ha* (...) », c'est-à-dire : « les 35 articles qui précèdent (...) » [86]. On peut difficilement déterminer s'il s'agit d'une erreur de Musashi qui aurait tout simplement mal compté au moment d'écrire le post-scriptum, d'une erreur de copiste qui aurait transformé un 6 en 5 ou divisé un article là où il n'y avait pas lieu, etc. [87]

---

85. Par exemple celles de Tokitsu, et de Groff.

86. En réalité la traduction littérale de cette phrase donne « les trente-cinq articles à droite ». Les rouleaux japonais se lisant de droite à gauche, ce qui précède le post-scriptum se trouve logiquement à sa droite.

87. La comparaison systématique des différentes copies du *Heihō sanjūgo kajō* n'étant pas le but de cet ouvrage, nous ne nous attarderons pas sur ce point. Il est intéressant de noter toutefois que l'on a pris l'habitude

De plus, il n'est pas sûr que Musashi ait donné un titre à son texte. Certains pensent que le titre est apparu par la suite, inspiré des premiers mots du post-scriptum et qu'il s'est ensuite transmis de copie en copie[88].

Musashi termine son *Gorin no sho* en 1645, peu de temps avant sa mort. De nombreux éléments discutés dans le *Heihō sanjūgo kajō* se retrouvent dans ce texte. Il y reprend également des concepts absents du *Heihō sanjūgo kajō*, mais néanmoins présents dans le *Heihō kakitsuke*. Considéré comme son chef-d'œuvre, le *Gorin no sho*, divisé en cinq rouleaux, présente sa conception de l'art du sabre, de la stratégie et de la vie du guerrier :

- Le *Rouleau de la terre* s'étend sur les principes fondamentaux de l'apprentissage du sabre et l'état d'esprit du guerrier. Il comporte une préface, une postface et huit articles.
- Le *Rouleau de l'eau* décrit les techniques et la philosophie du combat au sabre, selon Musashi. Il est composé d'une préface, une postface et 36 articles.
- Le *Rouleau du feu* explique la stratégie appliquée aux duels et aux batailles. Il inclut une préface, une postface et 27 articles.
- Le *Rouleau du vent* où Musashi propose une étude critique des autres écoles martiales. Il se divise en une préface, une postface et neuf articles.

---

de nommer la copie de Kumamoto « Trente-neuf articles sur la stratégie » ; or, elle comprend un article de moins que les autres versions, 35-1 = 34, et quatre articles ajoutés, 34+4 = 38. Si on admet que le *Heihō sanjūgo kajō* est bien à l'origine divisé en 36 articles, alors la version de Kumamoto possède en effet 39 articles selon le même calcul. Par ailleurs, loin de simplifier les choses, une des copies du *Heihō sanjūkyū kajō* adopte un autre décompte et indique « Quarante-deux instructions sur la stratégie ».

88. Uozumi T., *Teihon, Gorin no sho*, p. 181.

- Le *Rouleau du vide* ou du *ciel* est formé d'un seul article qui conclut le traité par des principes ésotériques.

Si l'on ne prend pas en compte les différentes préfaces et postfaces de chaque texte, nous avons donc :

- *Heihō kakitsuke* => 14 articles.
- *Heihō sanjūgo kajō* => 36 articles.
- *Gorin no sho* => 81 articles.

En l'espace de sept ans, Musashi aura ainsi conséquemment étoffé le contenu de ses traités.

Il est tout à fait légitime de s'interroger sur les raisons de la non-inclusion du *Heidōkyō* dans ce cycle. Après tout, il est vrai que sur les quatorze articles que comprend le *Heihō kakitsuke*, neuf concernent des points déjà abordés dans le *Heidōkyō*. Ce choix est en réalité motivé par plusieurs raisons :

- Si sept années séparent la rédaction du *Heihō kakitsuke* de celle du *Gorin no sho*, l'intervalle entre le *Heidōkyō* et le *Heihō kakitsuke* est de 23 ans. Sur le plan temporel du moins, le *Heidōkyō* semble donc déconnecté des trois autres textes.
- Le *Heidōkyō* est une œuvre de jeunesse. Musashi a 23 ans [89] quand il écrit ce texte. Il possède alors une certaine expérience du combat au sabre, mais sa vie de *musha-shugyō* [90] ne fait que commencer. De nombreux duels

---

89. Si on adopte le point de vue que Miyamoto Musashi est né en 1582.

90. 武者修行 : Période d'errance pendant laquelle un guerrier forge sa technique en suivant un régime austère d'entraînement et en combattant en duel d'autres bretteurs de renom. Selon les propres dires de Musashi (cf. introduction du *Gorin no sho*), celui-ci a combattu une soixantaine de fois en duel, sans jamais concéder de défaite, sur une période d'environ vingt ans.

Préface et début du premier article extraits de la copie du *Heihō sanjūgo kajō* réalisée par Yamaoka Tesshū
(avec l'aimable autorisation du professeur Uozumi Takashi)

et plusieurs batailles sont encore devant lui. Le niveau d'expérience accumulée au moment d'écrire le *Heihō kakitsuke* est donc totalement différent de celui atteint lors de la rédaction du *Heidōkyō*.

- Le *Heidōkyō* se base en réalité en partie sur le *Tōri-ryū mokuroku*[91]. Ce traité reprend l'enseignement de Muni, le père adoptif de Musashi, le fondateur du style Tōri-ryū[92]. Le contenu du *Tōri-ryū mokuroku* sert de titre à plusieurs articles du *Heidōkyō*, concernant notamment l'utilisation des deux sabres, du *jutte* et du *shūriken*[93], ou bien encore la technique dite de « l'attaque ultime ». Plusieurs *kata* sont détaillés dans des articles expliquant comment attaquer l'adversaire aux jambes, aux mains, ou comment lui faire lâcher son arme.

C'est pourquoi nous préférons placer le *Heidōkyō* à part des trois autres traités.

Pour en revenir à ce « cycle » qui nous intéresse, et plus particulièrement à la place qu'y occupe le *Heihō sanjūgo kajō*, il est possible de comparer la « table des matières » de chaque traité. Nous mettons table des matières entre guillemets, car chaque copie possède sa propre structure. Rappelons que certaines sont amputées d'un article ou proposent des titres différents pour un même article. Les différentes tables des matières sont données en annexes 2, 3 et 4 de ce livre.

---

91. 「当理流目録」. Cf. Uozumi T., *Miyamoto Musashi, Nihonjin no michi*, p. 294-296.

92. 当理流.

93. Il s'agit ici d'une façon de lancer le sabre, et non des fameuses « étoiles de ninja » ou autres projectiles fantasmés en vogue dans certains films hollywoodiens...

Le *Heihō sanjūgo kajō* et le *Enmei suisaiden bibōfu*

Suisaiken Souda Yasushige[94], adepte de la lignée Enmei-ryū de Nagoya (fondée par un des fils adoptif de Miyamoto Musashi, Takemura Yoemon Harutoshi), achève en 1711 un traité intitulé *Enmei suisaiden bibōfu*[95] dans lequel il détaille les préceptes de l'école. La majeure partie du traité reprend en réalité les articles du *Heihō sanjūgo kajō* —à l'exception du dernier « Tous les principes retournent au vide »— et les expose dans leur ordre d'origine. Le traitement des articles par Suisaiken est d'ailleurs plutôt inégal ; si certains y sont expliqués en détail, d'autres ne sont finalement que paraphrasés.

Soixante-dix années séparent le *Enmei suisaiden bibōfu* du *Heihō sanjūgo kajō*, et Suisaiken n'est pas un disciple direct de Musashi. C'est pourquoi il faut admettre la possibilité que son interprétation puisse parfois être erronée. Néanmoins, ce traité a son importance car il devient en quelque sorte un maillon fort entre notre compréhension du *Heihō sanjūgo kajō* et la pensée initiale de Musashi. Nous nous appuierons donc, dans nos commentaires, sur le *Enmei suisaiden bibōfu*.

Pourquoi traduire et lire le *Heihō sanjūgo kajō* de nos jours ?

Justifier l'existence du présent travail est aisé. Tout d'abord, il n'existe aucune traduction française intégrale du *Heihō sanjūgo kajō*[96]. Ensuite, nous l'avons déjà mentionné, ce traité trouve sa

94. 水哉軒左右田氏易重.

95. 「円明水哉伝備忘譜」. Edité dans IMAMURA Yoshio, *Nihon budō taikei, Vol II., Kenjutsu (2)*, Kyoto, Dōhōsha, 1982, p. 102-124.

96. La traduction de Tokitsu Kenji n'est que partielle (Tokitsu K.,

place aux côtés du *Heihō kakitsuke* (1638) et du *Gorin no sho* (1645). Nous pouvons considérer ces trois textes comme formant un tout témoignant de l'évolution de la pensée de Musashi. Le *Heihō sanjūgo kajō* est donc un outil indispensable pour aborder l'œuvre magistrale qu'est le *Gorin no sho*. Enfin, la lecture d'anciens traités -comme le *Fudōchi shinmyōroku*[97] de Takuan Sōhō (1573-1645), le *Heihō kadensho*[98] de Yagyū Munenori (1571-1646) ou le *Tengu geijutsuron*[99] d'Issai Chozan (1659-1741)- est très stimulante. Elle élargit notre culture martiale et permet d'expliquer certains caractères propres aux arts martiaux modernes comme le kendo, le naginata ou le jukendo.

Développons ce dernier point. Bien sûr, de grandes différences existent entre le combat à sabre réel du XVIIe siècle et le combat réglementé à l'arme factice du XXIe siècle. Bien sûr, les ambitions de Musashi sont bien plus vastes que le simple enseignement de son escrime. Il désire présenter un système de pensée globale permettant à l'expert d'exceller non seulement dans la voie du sabre, mais aussi dans tous les autres arts. C'est pourquoi ses œuvres contiennent peu de techniques martiales, mais plutôt des conseils concernant la stratégie ou la psychologie du guerrier. Les idées de Musashi sont cependant suffisamment pragmatiques pour que le pratiquant actuel puisse s'en inspirer

---

Miyamoto Musashi, p. 126-133).

97. 『不動智神妙録』 par TAKUAN Sōhō (沢庵宗彭), *The Unfettered Mind, Writings of the Zen Master to the Sword Master*, trad. par WILSON William Scott, Tokyo, Kodansha International, 1986.

98. 『兵法家伝書』 par YAGYŪ Munenori (柳生宗矩), *The Life-Giving Sword, Secret Teachings from the House of the Shogun, The Classic Text on Zen and the No-Sword by Musashi's Great Rival*, trad. par WILSON William Scott, Tokyo, Kodansha International, 2003.

99. 『天狗芸術論』 par ISSAI Chozan (佚斎樗山, nom de plume de Niwa Jurozaemon Tadaaki - 丹羽十郎右衛門忠明), *The Demon's Sermon on the Martial Arts and Other Tales*, trad. par WILSON William Scott, Tokyo, Kodansha International, 2006.

lors de ses entraînements.

Présentons rapidement quelques-unes des informations contenues dans le *Heihō sanjūgo kajō*. Musashi y aborde plusieurs aspects techniques élémentaires comme la posture (articles 5 et 35), la position de différentes gardes (*kamae* [100]) (articles 34 et 39-1), les déplacements (articles 6 et 17), la manière de tenir un sabre (article 4) et la façon d'observer l'adversaire (*metsuke* [101]) (article 7). L'auteur aborde aussi des idées plus subtiles comme la différence entre la frappe volontaire (*utsu* [102]) et le mouvement réflexe ou chanceux [103] (*ataru* [104]) (article 13), le rythme et la distance dans le combat (*ma, hyōshi* [105]) (articles 8, 15 et 23) et les trois opportunités (*mitsu no sen* [106]) (articles 14 et 24). Enfin, les conseils de Musashi ne se limitent pas au monde de la technique, mais s'étendent aussi aux domaines de la stratégie et de la psychologie. Pour vaincre, il est nécessaire d'étudier son adversaire et de percevoir ses faiblesses (articles 11, 19, 25 et 26), d'adapter sa stratégie à la situation du moment (articles 20, 21, 22, 28, 29, 30, 31, 32 et 36) et de contrôler ses émotions (articles 9, 21, 23, 27 et 33).

Si certains conseils de Musashi ne sont plus d'actualité ou sont inapplicables dans les conditions particulières de la pratique du kendo moderne, ce rapide survol du contenu du *Heihō sanjūgo kajō* montre clairement qu'il est toujours possible d'y trouver

---

100. 構え.

101. 目付け.

102. 打つ.

103. Cette distinction, qui peut sembler bien théorique, est pourtant toujours d'actualité puisqu'il s'agit d'un point d'arbitrage difficile à juger, mais d'une importance capitale lors des combats entre pratiquants expérimentés.

104. 当たる.

105. 間、拍子.

106. 三ツの先.

34

nombre d'idées intéressantes.

Conventions

Nous avons décidé de traduire *Heihō sanjūgo kajō* par
« Trente-cinq articles sur la stratégie ». Le terme *heihō* (兵
法), qui se prononce parfois *hyōhō*, se compose des caractères
suivants : 兵 = soldat/guerre et 法 = loi/principe. *Heihō* se traduit
généralement par « stratégie », mais il peut signifier également,
selon le contexte, « tactique », « art », « art martial », « façon de
vivre du guerrier », désigner spécifiquement le combat au sabre
ou revêtir plusieurs de ces sens simultanément ! Dans le *Nippo
jisho* [107], un dictionnaire portugais-japonais publié en 1603 à
Nagasaki [108], le mot *heihō* est romanisé en *feifŏ*, *feŏfô* ou *fiŏfô*
et renvoie spécifiquement au maniement du sabre plutôt qu'à la
stratégie.

Nous traduirons chaque apparition du mot *heihō* avec le
terme français qui nous semble convenir le mieux, selon le
contexte. Toutefois, afin d'amputer le moins possible *heihō* de
ses multiples sens, nous le signalerons entre parenthèses derrière
chacune de ses traductions.

Les mots d'origine japonaise sont donnés en italiques et
romanisés selon le système Modified Hepburn.

Les noms propres Japonais sont donnés dans leur séquence
traditionnelle : nom de famille en tête suivi du prénom.

107.「日葡辞書」.

108. *Vocabulario da Lingoa de Iapam com Adeclaração em Portugues
... feito por alguns Padres e Irmaõs da Companhia de Iesu*, Nagasaki,
Compagnie de Jésus, 1603, *sub verbo* « *feifŏ* », « *feŏfô* ».

Pour finir, nous attirons l'attention du lecteur sur le fait que la numérotation utilisée dans ce travail reprend toutes les parties de l'œuvre de Musashi et pas seulement les articles du traité. L'existence d'une préface introduit donc un décalage dans notre numérotation de ces dits articles.

Heihō sanjūgo kajō

Trente-cinq articles sur la stratégie

38

[1] [Préface] [109] [(I)]

La stratégie (*heihō*) de l'école Nitō-no-Ichi-ryū [(I)] est le fruit de nombreuses années d'entraînement. Je l'explique maintenant par écrit pour la première fois, sachant toutefois que mes mots ne sauraient en aucun cas convenir. J'exposerai, comme cela me vient et sans trop entrer dans les détails [(II)], ce qu'il faut savoir sur la stratégie (*heihō*) et le maniement du sabre, choses auxquelles j'ai consacré ma vie.

---

109. La préface et le post-scriptum sont absents des copies transmises par Takemura Yoemon Harutoshi et Terao Kumenosuke.

兵法二刀の一流、数年鍛練仕処、今初て筆紙にのせ申事、前
後不足の言のみ難㆓申分㆒候へ共、常々仕覚候兵法之太刀筋、
心得以下、任㆓存出㆒、大形書顕候者也。

(I). Le mot 二刀 (*nitō*) signifie littéralement « deux sabres ». La
formule Nitō-no-Ichi-ryū peut se traduire par « première école se
servant de deux sabres », « la meilleure des écoles se servant de deux
sabres » ou bien encore « l'école des deux sabres unifiés ». Il est
intéressant de noter ici que la tradition fondée par Musashi est plutôt
connue de nos jours sous le nom de Niten-Ichi-ryū « école des deux
ciels réunis », formule qui n'apparaît pas ici mais que l'on retrouvera
plus tard dans le *Gorin no sho*.

(II). Dans plusieurs articles le texte manque effectivement de
cohésion et de clarté. Contrairement au *Gorin no sho* qui est une
œuvre finement composée, le *Heihō sanjūgo kajō* s'apparente plutôt
à un mémorandum, tant le manuscrit manque parfois de cohésion, de
clarté et d'explications. Dans un langage plus familier, nous dirions
que Musashi signe ici pour le seigneur Hosokawa un pense-bête sur
le combat au sabre. Musashi prévient d'ailleurs dans le post-scriptum
que si jamais certains passages du manuscrits semblaient obscurs, il ne
fallait pas hésiter à l'interroger directement.

[2] Pourquoi avoir intitulé cette voie
« Voie des deux sabres » [110] (I)

Dans cette voie, comme son nom l'indique, on utilise deux sabres, et il ne faut donc pas que vous vous focalisiez sur votre main gauche (II). Vous devez vous habituer à manier le sabre avec une seule main. Si vous utilisez cette prise à une main, vous aurez un avantage, que vous soyez sur un champ de bataille, à cheval, dans un marécage ou un ruisseau, sur un chemin étroit, dans un champ de pierres ou au milieu de la foule [111] (III). De même, si vous devez tenir un autre objet dans la main gauche (IV) celui-ci vous gênera et vous serez alors obligé d'utiliser votre sabre à une seule main. Lorsque l'on brandit un sabre [avec une seule main], il peut sembler très lourd au début, mais il sera possible plus tard de le manier librement. Par exemple, à force de s'entraîner à tirer à l'arc, on devient plus fort ; celui qui monte à cheval a nécessairement l'adresse pour le faire. Il en va de même pour les techniques des gens du peuple : le batelier possède l'habileté nécessaire pour godiller à la rame ; le paysan utilise la bêche et la pioche et en a la force. Ainsi, lorsque l'on apprend à manier le sabre, on développe rapidement la force nécessaire pour le brandir.

Cependant, certaines personnes sont fortes, alors que d'autres sont faibles. Chacun doit donc utiliser le sabre qui lui convient le mieux.

---

110. Musashi développe cet article dans le *Rouleau de la terre* n° 6 « Je donne à mon école le nom d'Ecole des deux sabres » (TOKITSU K., *Miyamoto Musashi*, p. 41).

111. 人籠 (*hitogomi*), littéralement « panier d'humains ». Nous l'avons traduit ici par « au milieu de la foule », mais « dans une mêlée » conviendrait aussi.

一、此道、二刀と名付事

此道、二刀として太刀を二つ持儀、左の手にさして心なし。
太刀を片手にて取ならはせん為なり。片手にて持得、軍陳、
馬上、沼川、細道、石原、人籠、かけはしり、若左に武道具
持たる時、不如意に候へば、片手にて取なり。太刀を取候事、
初はおもく覚れ共、後は自由に成候也。たとへば、弓を射な
らひて、其力つよく、馬に乗得ては其力有。凡下之わざ、水
主はろ・かひを取て其力有、土民はすき・くわを取、其の力
強し。太刀も取習へば力出来物也。
但人々の強弱は、身に応じたる太刀を持べき物也。

(I). Rappelons qu'il s'agit ici du premier article, mais numéroté [2]
comme deuxième section du traité après la préface.

(II). Traditionnellement, le sabre japonais se manie à deux mains,
et l'on considère la main gauche comme étant la main de force. C'est
avec elle que l'on manie véritablement l'arme. La main droite, quant
à elle, a un rôle « secondaire » : elle guide la lame et soutient le poids
du sabre.

Suisaiken Souda Yasushige explique dans le *Enmei suisaiden
bibōfu* que lorsque l'on utilise deux sabres, la main gauche manie le
sabre court et la main droite le sabre long. Utiliser le sabre court avec
la main gauche confère de nombreux avantages, mais il ne faut pas
se focaliser sur ces avantages. Suisaiken rajoute que les deux sabres
doivent être pensés et maniés comme un tout indivisible (IMAMURA Y.,
Nihon budō taikei, p. 106).

(III). Musashi ne détaille pas pourquoi il serait avantageux de manier dans ces situations son sabre avec une seule main.

- On peut imaginer qu'à dos de cheval, pendant qu'une main brandit le sabre, l'autre tient les rênes.
- En ce qui concerne le marécage, le ruisseau, le chemin étroit et le champ de pierre, le fait d'avoir la main gauche libre favorise le maintient de l'équilibre et dans la foule ou la mêlée elle permet peut-être d'écarter les gens ?
- Sur un champ de bataille, manier son sabre avec une seule main permet d'utiliser ou de porter une seconde arme, comme Musashi semble l'indiquer par la suite.

(IV). Musashi emploie ici le terme 武道具 (*ikusa dōgu*) qui peut se traduire par « arme de guerre », comme par exemple une lance, une arquebuse, un *naginata*, etc. Cependant, on serait aussi tenté de traduire *ikusa dōgu* par « objet nécessaire à la guerre » ce qui inclut donc une multitude de choses : bannières, cordes, grappin, éventail de commandement, conques pour signaux sonores, etc. Dans tous les cas, selon Musashi, quelque soit cet *ikusa dōgu*, le fait de devoir le porter avec la main gauche empêche de manier son sabre selon la prise traditionnelle à deux mains. Il est donc avantageux de savoir utiliser son sabre avec la main droite uniquement.

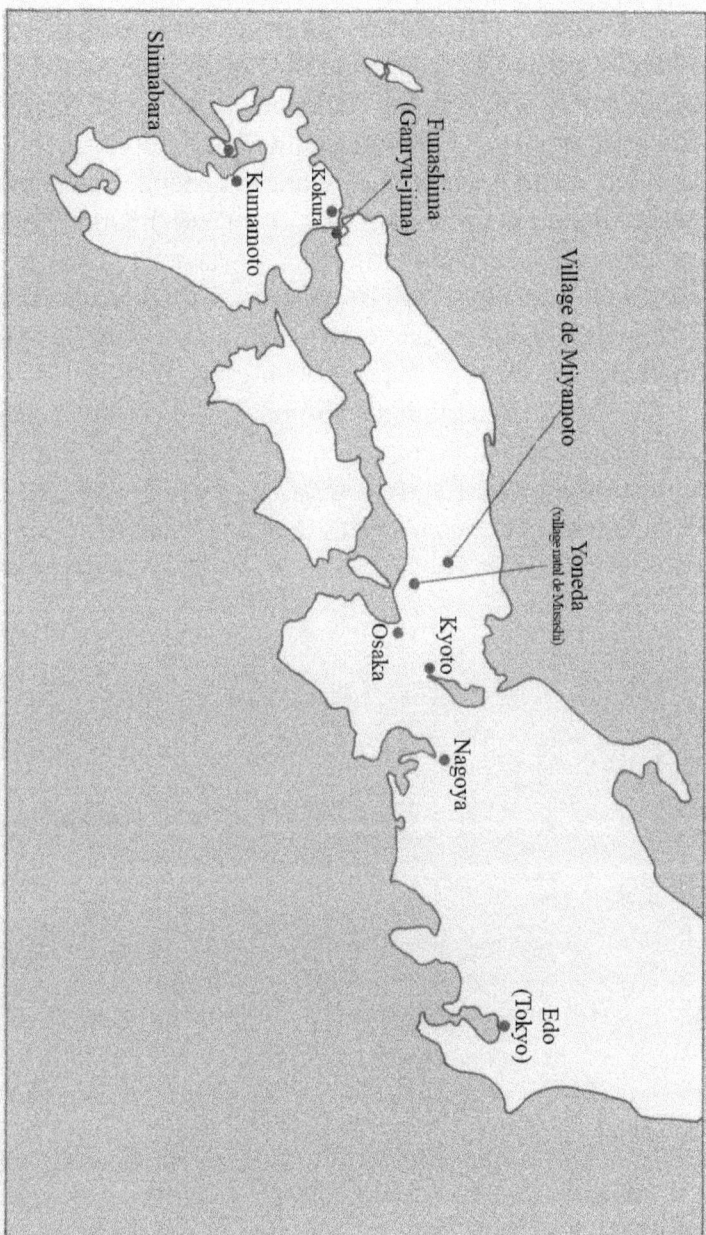

Carte du Japon de Miyamoto Musashi
(Uozumi Takashi, *Teihon, Gorin no sho*, Tokyo, Shin Jinbutsu Ōraisha, 2005, p.20)

Labels on map: Shimabara, Kumamoto, Kokura, Funashima (Ganryu-jima), Village de Miyamoto (village natal de Musashi), Yoneda, Kyoto, Osaka, Nagoya, Edo (Tokyo)

44

[3] Comment comprendre la voie de la stratégie [112]

Dans cette voie, la stratégie (*heihō*) de masse [I] et la stratégie (*heihō*) individuelle sont analogues. Ce que je mentionne ici concerne la stratégie (*heihō*) appliquée à l'individu : vous pouvez imaginer votre cœur comme étant le général, vos mains et vos pieds comme étant les vassaux et les serviteurs [II], et le tronc comme étant les fantassins et les paysans [III]. Diriger un pays ou mener une vie vertueuse sont deux choses aux dimensions différentes, mais au demeurant identiques dans la voie de la stratégie (*heihō*).

Se préparer à la pratique des arts martiaux (*heihō*), c'est faire des parties de son corps une unité, sans exagération d'un côté ni insuffisance de l'autre, sans force ni faiblesse ; du sommet de la tête jusque sous les pieds, être conscient de les traiter avec équilibre.

---

112. Il n'y a pas d'article équivalent dans le *Gorin no sho*. Par contre, les idées de gouverner un pays et de se comporter convenablement apparaissent dans le *Rouleau de la terre* n° 7 « Connaître la signification des deux idéogrammes hyô-hô » (Tokitsu K., *Miyamoto Musashi*, p. 45).

一、兵法の道見立処之事

此道、大分之兵法、一身之兵法に至迄、皆以て同意なるべし。今書付一身の兵法、たとへば心を大将とし、手足を臣下・郎等と思ひ、胴体を歩卒・土民となし、国を治め、身を修る事、大小共に、兵法の道におなじ。
兵法之仕立様、惣躰一同にして余る所なく、不足なる処なく、不ₗ強不ₗ弱、頭より足のうら迄、ひとしく心をくばり、片つりなき様に仕立る事也。

(I). 大分之兵法 (*daibun no heihō*) : nous avons traduit *daibun no heihō* par « stratégie de masse », c'est-à-dire qui s'applique aux mouvements des troupes d'une armée. C'est le *heihō* du général qui commande à des milliers de soldats. Musashi ne fait d'ailleurs que mentionner cet aspect et ne le développe pas plus avant. Il reviendra plus amplement sur la « stratégie de masse » dans le *Rouleau du feu*. Nous pensons que Musashi utilise ici cette métaphore afin que le seigneur Hosakawa, lui-même général d'armée, comprenne plus facilement la nature du « *heihō* individuel », c'est à dire du duel au sabre.

(II). Les mots que Musashi emploie ici sont 臣下 (*shinka*) et 郎等 (*rōdō*), qui se traduisent tous deux par « vassal » ou « serviteur ». Si le mot « serviteur » peut avoir une connotation péjorative en français moderne, elle n'existe pas dans le texte japonais. *Shinka* et *rōdō* sont en réalité des guerriers de haut rang ou des samouraïs ayant d'importantes fonctions administratives dans l'entourage direct du seigneur.

(III). 歩卒 (*hosotsu*), les fantassins d'une armée (plus connus sous le nom d'*ashigaru*), sont par contre recrutés le temps d'une bataille dans des sphères beaucoup plus basses de la société médiévale japonaise et c'est sans doute pourquoi Musashi les place ici avec les 土民 (*domin*), terme que nous avons traduit par « paysans », mais qui signifie littéralement « autochtones ».

[4] De la tenue du sabre [113]

La façon de tenir le sabre est la suivante : le pouce et l'index reçoivent le sabre [I] ; le majeur ne doit être ni crispé ni relâché ; l'annuaire et l'auriculaire l'enserrent et le portent.

A propos du sabre et de la main, on dit qu'ils peuvent être « vivants » ou « morts ». Au moment, entre autre, de se mettre en garde, de parer, ou de bloquer le sabre de son adversaire, si votre main oublie qu'elle doit trancher, c'est qu'elle est sans vie, « morte ». « Vivant » signifie qu'à tout moment, main et sabre peuvent jaillir, sans raideur, et effectuer une bonne coupe avec sérénité ; c'est cela qu'on appelle une « main vivante » [II].

Votre poignet ne doit pas être vrillé ; votre coude ne doit ni être trop en extension ni trop en flexion ; il faut relâcher les muscles du dessus de l'avant-bras et tenir fermement avec ceux du dessous [III]. Il faut examiner cela minutieusement.

---

113. On retrouve cet article dans le *Rouleau de l'eau* n° 5 « La façon de tenir le sabre », mais présenté de façon différente. Ici, Musashi, consacre un paragraphe entier aux concepts de « vivant » ou de « mort », alors qu'il ne fait que les mentionner brièvement dans le *Gorin no sho*, préférant y détailler plus amplement le comportement des doigts de la main (TOKITSU K., *Miyamoto Musashi*, p. 57).

一、太刀取様之事

太刀の取様は、大指・人さし指を請けて、たけたか、中、く
すしゆびと小指をしめて持候也。
太刀にも手にも、「生・死」と云事有。構る時、請る時、留る
時などに、切る事をわすれて居付手、是れ「死ぬる」と云也。「生
る」と云は、いつとなく、太刀も手も出合やすく、かたまら
ずして、切り能き様に、やすらかなるを、是れ「生る手」と
云也。
手くびはからむ事なく、ひぢはのびすぎず、かゞみすぎず、
うでの上筋弱く、下すぢ強く持つ也。能々吟味あるべし。

(I). Le pouce et l'index entourent le sabre, mais ils ne le portent
pas.

(II). Dans le *Enmei suisaiden bibōfu,* Suisaiken explique qu'une
« main morte » est une main immobile. Il ajoute ensuite que le
pratiquant doit imaginer que tout son bras, et ce jusqu'à l'épaule,
constitue le sabre (IMAMURA Y., *Nihon budō taikei*, p. 106).
En kendo, nous rencontrons aussi le terme de « main morte » (死
手, *shini te*) opposé à la « main qui coupe » (切手, *kiri te*), c'est-à-dire
la « main vivante ».

(III). C'est-à-dire relâcher les muscles radiaux et utiliser
principalement les muscles ulnaires.

[5] De la posture [114]

En ce qui concerne la posture, votre visage ne doit être incliné ni vers le bas, ni vers le haut ; vos épaules demeurent relâchées et ne sont pas soumises à des torsions. Ne bombez pas le torse mais faites ressortir l'abdomen, en veillant bien à ne pas se courber et à ne pas raidir les genoux. Le corps est de face et doit donner un sentiment de grande envergure [(I)].

On dit que « la posture de la vie quotidienne doit être en accord avec celle du combat au sabre (*heihō*) » [(II)]. Il faut examiner cela minutieusement.

---

114. Musashi développe cet article dans le *Rouleau de l'eau* n° 3 « La posture en stratégie » (TOKITSU K., *Miyamoto Musashi*, p. 55).

一、身のかゝりの事

身のなり、顔はうつむかず、余りあをのかず、かたはさゝず、
ひづまず、胸を出さずして腹を出し、こしをかゞめず、ひざ
をかためず、身をまむきにして、はたばり広く見する物也。
「常住兵法の身、兵法常の身」と云事、能々吟味在るべし。

(I). Le commentaire du *Enmei suisaiden bibōfu* sur cet article est
plutôt vague. Suisaiken déclare que si le *ki*, c'est-à-dire l'énergie
vitale, remplit la forme (le corps ?) en circulant librement, alors il sera
plus facile de combattre. Pour cela il faut que le corps soit relâché.
Ensuite, celui qui pourra « incorporer la stratégie de masse » (大分の
兵法を身に得て), c'est-à-dire faire fonctionner son corps comme une
armée, n'aura pas de difficulté à combattre en duel au sabre (IMAMURA
Y., *Nihon budō taikei*, p. 106).

(II). Si l'on traduit ce passage mot à mot, cela donne « dans la vie
quotidienne le corps du *heihō* ; dans le *heihō* le corps du quotidien ».
D'après Musashi, il n'est pas nécessaire d'adopter une posture
particulière lorsque l'on combat avec un sabre, il faut simplement
se tenir droit et décontracté. Ce passage renvoie aussi à un certain
idéal de la culture des samouraïs : une osmose entre le quotidien et
l'acte martial où chaque moment de la journée, chaque activité de
l'homme est considéré selon le point de vue du *heihō*. « Dans la vie
quotidienne le corps du *heihō* », du lever du jour à celui de la lune, le
samouraï vaque à ses affaires avec efficacité mais vigilance, attentif à
toute éventualité. Mais Musashi renchérit ici : est bon guerrier celui
qui combat aussi détaché et détendu que s'il vaquait à de simples
occupations journalières.

[6] Des déplacements [115]

La manière de se déplacer dépend de la situation. Toutefois, même s'il y a des pas grands, petits, lents ou rapides, elle doit être avant tout comme la façon normale que l'on a de marcher [I]. Les déplacements inadéquats sont le *tobi-ashi*, l'*uki-ashi*, le *fumi-suyuru-ashi*, le *nuku-ashi* et l'*okure-saki-datsu-ashi* [II]. Avec de bons appuis, quelles que soient les difficultés du terrain, nul besoin de s'en soucier, il suffit juste de poser le pied fermement. De plus amples détails seront donnés dans un article ultérieur [III].

---

115. Des éléments de ce passage se retrouvent dispersés dans le *Rouleau de l'eau* n° 6 « La façon de déplacer les pieds » et le *Rouleau du vent* n° 8 « Les écoles qui enseignent diverses façons de se déplacer » (TOKITSU K., *Miyamoto Musashi*, p. 57 et 115).

一、足ぶみの事

足づかひ、時々により、大小遅速は有れ共、常にあゆむがご
とし。足に嫌ふ事、飛足、うき足、ふみすゆる足、ぬく足、
おくれ先立つ足、是皆嫌ふ足也。足場、いか成る難所なりとも、
構なき様に慥にふむべし。猶奥の書付にて能くしる〻事也。

(I). Musashi reprend ici l'idée de l'article précédent « La posture
de la vie quotidienne doit être en accord avec celle du combat au
sabre ». La façon que l'on a de marcher reste identique dans les deux
contextes. Cette conception a d'ailleurs disparu dans les arts martiaux
modernes en général et plus particulièrement dans le kendo où l'on
favorise l'*okuri-ashi* plutôt que l'*ayumi-ashi*.

(II). Dans le *Rouleau du vent*, on retrouve les mêmes noms de
déplacements. Ils proviendraient d'autres écoles d'arts martiaux
existant à l'époque de Musashi, mais la signification de ces termes
reste obscure.

Tobi-ashi signifie littéralement « déplacement sautant » ; *uki-
ashi* « déplacement flottant » et *fumi-suyuru-ashi* pourrait vouloir
dire « déplacement trop pesant », c'est-à-dire pouvant mener à
l'immobilisme. Quant à *nuku-ashi*, il s'agirait de « déplacement à
pas feutrés ». Enfin, *okure-saki-datsu-ashi* désigne probablement un
déplacement soit trop en retard, soit trop en avance, par rapport au
sabre de l'adversaire ou par rapport à son propre sabre. Rappelons
qu'en kendo nous rencontrons aussi les *tobi-komi waza* qui s'effectuent
avec un très grand pas.

(III). Nous ne savons pas précisément à quoi Musashi fait
allusion ici. Il n'y a pas d'autre article dans le *Heihō sanjūgo kajō*
qui approfondisse le sujet ou qui explique ces différents déplacements
jugés « inadéquats ». Bien qu'il existe un article intitulé « Des deux
pas » (n° 17), son contenu s'éloigne de celui présenté ici. Nous ne
pouvons pas savoir si Musashi fait référence à cet article « Des deux
pas » ou s'il projetait alors d'écrire un autre sur les déplacements.

[7] De la façon de regarder[116]

Il y eut par le passé de nombreuses façons de « porter son regard » (*metsuke*), mais celle qui s'est transmise jusqu'à nos jours se focalise plus ou moins au niveau du visage. Vous devez garder les yeux fermés légèrement plus étroits qu'à l'ordinaire et regarder sereinement. Vos yeux ne bougent pas et doivent regarder au loin, même si votre ennemi est proche. En regardant de cette manière, vous pourrez percevoir à la fois les techniques de votre ennemi, de part et d'autre [(I)]. Il y a « percevoir » et « voir ». L'œil qui perçoit (*kan no me*) est supérieur à l'œil qui voit (*ken no me*) [(II)]. De plus, il y a l'œil qui renseigne votre ennemi [(III)] ; votre volonté se reflète dans vos yeux, mais votre cœur n'y paraît point. Il faut examiner cela minutieusement.

---

116. Le mot 目付 (*metsuke*) est formé de deux caractères : « œil » et « fixer ». Il traduit la façon de porter son regard sur son adversaire. Musashi reprend cet article dans le *Rouleau de l'eau* n° 4 « La façon de regarder en stratégie » et discute dans le *Rouleau du vent* n° 7 de l'enseignement du *metsuke* dans les autres écoles de sabre (TOKITSU K., *Miyamoto Musashi*, p. 55 et 113).

一、目付之事

目を付と云所、昔は色々在るなれ共、今伝る処の目付は、大躰顔に付るなり。目のおさめ様は、常の目よりもすこし細様にして、うらやかに見る也。目の玉を不レ動、敵合近く共、いか程も、遠く見る目也。其目にて見れば、敵のわざは申に及ず、両脇迄も見ゆる也。観見二ツの見様、観の目つよく、見の目よはく見るべし。若又、敵に知らすると云目在。意は目に付、心は不レ付物也。能々吟味有べし。

(I). Ce passage peut donner lieu à deux interprétations. La première, « à droite et à gauche de l'adversaire », ce qui permet de voir par exemple si d'autres ennemis surviennent. La seconde, « le flanc droit et le flanc gauche de l'adversaire », en fait plus précisément les aisselles, qui trahissent une faiblesse dans la garde de l'adversaire. On entend souvent parler dans les arts martiaux japonais de « *waki wo shimeru* » (脇を締める) qui signifie littéralement « fermer les côtés », c'est-à-dire garder les bras le long du corps pour ne pas laisser d'espace au niveau des aisselles. Une posture qui laisserait voir les aisselles est en général considérée comme étant faible pour de nombreuses raisons : possibilité de clefs de bras, accumulation de tensions dans les épaules, etc.

(II). « L'œil qui perçoit » (*kan no me*) et « l'œil qui voit » (*ken no me*) sont des concepts encore enseignés en kendo. Selon le dictionnaire japonais-anglais du kendo, *kan no me* signifie « percevoir les mouvements de l'esprit de l'adversaire » alors que *ken no me* se rapporte uniquement aux « phénomènes en surface », c'est-à-dire aux

54

mouvements *physiques* de l'adversaire (ALL JAPAN KENDO FEDERATION, 剣道和英辞典 *Japnese-English Dictionary of Kendo*, Tokyo, All Japan Kendo Federation, 2011, p. 46-47).

(III). Musashi fait donc la distinction entre « voir », phénomène qu'il juge inférieur, et « percevoir » qu'il juge supérieur. L'œil qui perçoit donne une vision globale de la situation tout en restant serein, alors que l'œil qui voit ne fait que sauter d'un détail de cette situation à un autre : les mains de l'adversaire, ses épaules, sa garde, la pointe de son sabre, etc. L'œil est alors agité et ses mouvements renseignent l'adversaire sur l'endroit où l'on focalise son attention, donc sa volonté. Musashi fait, tout au long du *Heihō sanjūgo kajō*, une distinction entre volonté et cœur/esprit difficile à traduire en français. Nous essaierons de l'expliquer dans les notes de l'article n° 9 « De l'état d'esprit ».

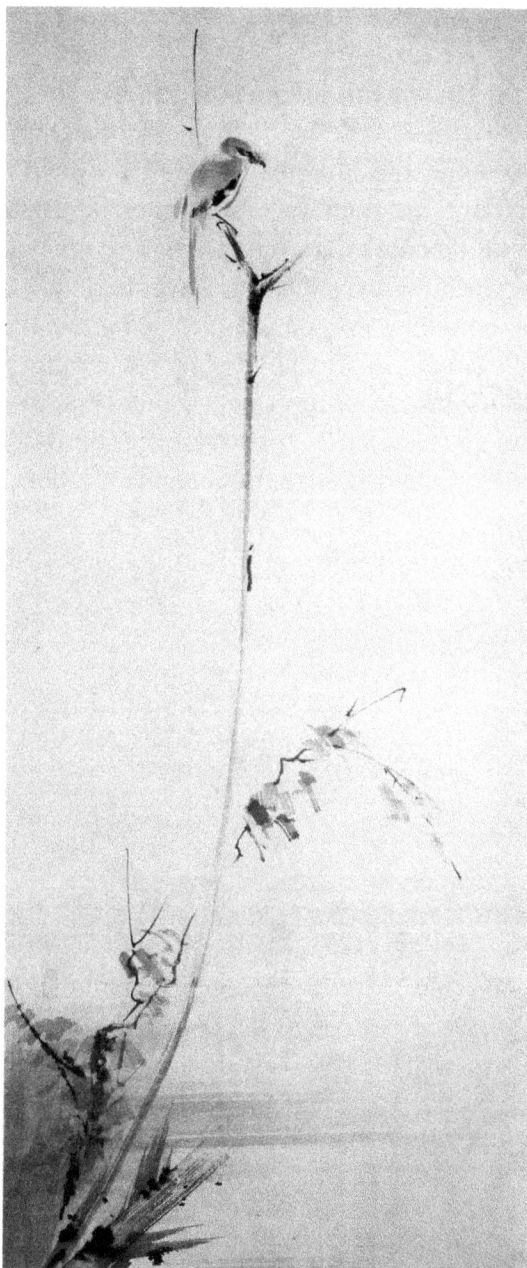

Miyamoto Musashi,『枯木鳴鵙図』(*Pie-grièche chantant sur un arbre mort*)
Encre sur papier, 126 x 55cm
(Kuboso Memorial Museum of Arts)

[8] De la connaissance de l'intervalle [117]

En ce qui concerne la connaissance de l'intervalle (*ma*) [(I)], on trouve ailleurs de nombreuses théories [118]. Toutefois, je ne m'intéresse qu'au combat au sabre (*heihō*) et ce que je dirai ici ne concernera rien d'autre. Dans n'importe quelle discipline, à force de s'y entraîner, on connaît bien les intervalles (*ma*). En général, vous devez penser que lorsque votre sabre atteint votre adversaire, le sabre de celui-ci peut également vous atteindre. Lorsque l'on veut atteindre son adversaire, on doit oublier son propre corps [(II)]. Cela nécessite beaucoup de pratique.

---

117. Musashi ne reprend pas cet article dans le *Gorin no sho*.

118. Ici sous-entendu : « Dans d'autres domaines, arts ou techniques ». On parle ainsi de *ma* dans des pratiques aussi différentes que l'arrangement floral, la cérémonie du thé, la poésie, le théâtre, etc.

一、間積りの事

間を積る様、他には色々在れ共、兵法に居付心在によつて、
今伝る処、別の心あるべからず。何れの道なりとも、其事に
なるれば、能知る物なり。大形は我太刀、人にあたる程の時は、
人の太刀も我にあたらんと思ふべし。人を討んとすれば、我
身を忘るゝ物也、能々工夫あるべし。

(I). *Ma* (間) signifie « intervalle » et peut s'appliquer simultanément
à l'espace ou au temps. Il s'agit donc à la fois de la distance qui sépare
deux adversaires et le temps nécessaire pour qu'une attaque touche
sa cible. *Ma* est plus rarement employé pour dénoter « l'intervalle
psychologique » entre deux adversaires. Ne pas confondre *ma* et *maai*,
ce dernier terme ne faisant référence qu'à la distance de combat.

(II). On retrouve cette idée dans de nombreuses écoles martiales
japonaises. Musashi emploie ici *mi wo wasuru,* mais on parle
généralement de *mi wo suteru* (ou *sutemi,* 捨身), c'est-à-dire de
« sacrifier » ou « jeter son corps ». Ce concept essentiel est toujours
enseigné en kendo. Le pratiquant doit lancer son attaque de toute sa
force, sans se préoccuper du résultat. Peu importe si l'adversaire a la
possibilité de bloquer ou de contre-attaquer. En ce sens, on sacrifie son
propre corps dans l'attaque afin de remporter une victoire totale. Un
assaut où l'on se préoccuperait des actions de l'adversaire ne saurait
être décisive car l'esprit se dissiperait entre l'attaque et la défense.
Dans le passage du *Enmei suisaiden bibōfu* consacré au *ma,*
Suisaiken ne commente d'ailleurs que cette dernière phrase. Il explique
qu'au moment d'attaquer, il faut dissocier le corps et le cœur (l'esprit) :
le corps plonge, se sacrifie avec le sabre dans l'attaque pendant que
l'esprit reste en retrait (IMAMURA Y., *Nihon budō taikei*, p. 106-107).

[9] De l'état d'esprit [119]

Votre esprit ne peut être faible, impatient, calculateur ou apeuré. Il doit rester droit et ouvert. Votre volonté doit être légère mais votre cœur dense. L'esprit doit être comme l'eau, adaptable à toute situation. L'eau demeure d'un bleu pur et peut prendre la forme d'une simple goutte ou d'un océan. Il faut examiner cela minutieusement [I].

---

119. Musashi reprend ce thème dans le *Rouleau de l'eau* n° 2 « L'état d'esprit en stratégie » (TOKITSU K., *Miyamoto Musashi*, p. 53).

一、心持之事

心の持様は、めらず、かゝらず、たくまず、おそれず、すぐ
に広くして、意のこゝろかろく、心のこゝろおもく、心を水
にして、折にふれ事に応ずる心也。水にへきたんの色あり、
一滴もあり、滄海も在り。能々吟味あるべし。

(I). Cet article, bien que très court, est très important, car il dévoile
en quelque sorte l'essence du style de Musashi. Dans le *Gorin no sho*,
c'est d'ailleurs dans le *Rouleau de l'eau* qu'il expose les principes de
son école. Il y emploie une formule équivalente à « L'esprit doit être
comme l'eau ». Par opposition, il considère les autres écoles dont il
juge les préceptes erronés, comme appartenant à l'élément « vent ».

Musashi fait une distinction entre les deux « cœurs » assez difficile
à expliquer. Il mentionne 意のこゝろ (*i no kokoro*), littéralement « cœur
de l'esprit », que nous avons traduit par « volonté » ou « intention ». Il
oppose alors *i no kokoro* à 心のこゝろ (*shin no kokoro*), littéralement
« cœur du cœur », que nous rendons ici simplement par « cœur » ou
par « esprit ». Cette idée des deux cœurs est également présente à la
fin du *Gorin no sho* dans le *Rouleau du vide*.

Il semblerait que *i no kokoro* relève de l'intention, du calcul, de
l'action délibérée ou du rationnel. Dans l'article n° 7 sur le *metsuke*,
Musashi dit que *i*, la volonté, peut transparaître dans les yeux et
renseigner l'adversaire sur nos choix. Pour donner un exemple
simpliste, si l'adversaire adopte une garde basse et que notre regard
saute tour à tour de sa garde à son cou, il peut aisément deviner
que nous avons l'intention de contourner sa garde basse en portant
l'estocade à sa gorge. L'adversaire a lu notre volonté dans nos yeux.

Par opposition, *shin no kokoro*, notre cœur ou esprit, relèverait
plutôt des émotions. « Votre volonté est légère mais votre cœur est
dense » rappelle Musashi. Si votre volonté est légère ou volatile alors
l'adversaire ne pourra la percevoir. Pour parler simplement, il ne pourra
pas deviner vos intentions. Par contre, si votre cœur est léger, celui-ci

sera facilement troublé par des émotions telles que la peur, la surprise, le doute ou la confusion. Ces quatre états sont nommés en kendo les *shikai* (四戒) que l'on traduit généralement par « les quatre maladies de l'esprit ». Il faut donc que le cœur soit dense ou « inamovible » ; *fudō-shin* (不動心) comme l'on dit souvent en japonais, c'est-à-dire troublé en aucune façon. Un cœur lourd équivaut à un esprit serein.

Musashi récapitule fort poétiquement ce difficile concept en fin d'article : « L'esprit doit être comme l'eau, adaptable à toute situation. L'eau demeure d'un bleu pur, et peut prendre la forme d'une simple goutte ou d'un océan ». De la même manière, l'esprit doit pouvoir s'adapter instantanément et inconsciemment à toute situation susceptible de se produire lors d'un duel au sabre.

Le commentaire de cet article dans le *Enmei suisaiden bibōfu* est quant à lui assez sibyllin. Suisaiken utilise des notions tirées du bouddhisme qui, au final, ne font que complexifier le discours plutôt que de le clarifier. Par contre, dans l'introduction de son traité, il consacre à l'eau un passage où il explique que « l'eau prend la forme des récipients, bouge s'il y a du vent, reste immobile quand il n'y en a pas, coule en direction des lieux bas, mais tout cela sans intention aucune. Il faut acquérir cet état d'esprit et devenir comme l'eau. » (IMAMURA Y., *Nihon budō taikei*, p. 107).

Miyamoto Musashi,『柏木菟図』(*Hibou sur un chêne*)
Encre sur papier, 124 x 48cm
(Collection privée)

[10] De la connaissance des niveaux inférieur, intermédiaire et supérieur de l'escrime [120]

Il existe dans le combat au sabre (*heihō*) de nombreuses postures et de nombreuses gardes et vous devriez savoir que celles qui semblent fortes ou rapides sont considérées comme étant de niveau inférieur.

Ensuite, une escrime (*heihō*) qui semble précise, bien rythmée qui est composée de techniques emplies d'orgueil, ou qui paraît remarquable ou magnifique relève du niveau intermédiaire.

Au niveau supérieur du combat au sabre (*heihō*), il n'y a ni force ni faiblesse, mais de la fluidité. Il n'y a pas de précipitation et rien qui ne semble bon ou mauvais. Ce qui demeure à la fois ample, droit et calme relève du niveau supérieur de l'escrime (*heihō*). Il faut examiner cela minutieusement [I].

---

120. Cet article n'est pas repris dans le *Gorin no sho*. Par contre Musashi utilise dans le troisième article du *Rouleau de la terre* l'expression « niveaux inférieur, intermédiaire et supérieur du *ki* (énergie vitale) » (TOKITSU K., *Miyamoto Musashi*, p. 37).

一、兵法上・中・下の位を知る事

兵法に、身構有り、太刀にも色々構を見せ、強く見へ、早く
見ゆる兵法、是、下段と知るべし。
又兵法こまかに見へ、術をてらひ、拍子能き様に見え、其の
品きら在て、見事に見ゆる兵法、是、中段の位也。
上段之位の兵法は、不㆑強不㆑弱、かどらしからず、はやからず、
見事にもなく、悪敷も見えず、大に直にして静に見ゆる兵法、
是、上段也。能々吟味有べし。

(I). Cet article est assez simple et ne nécessite pas de commentaires
particuliers. Cependant, il est intéressant de noter que Suisaiken donne
pour chaque niveau des exemples différents de ceux de Musashi. Voici
ce qu'il dit des trois niveaux dans le *Enmei suisaiden bibōfu* :

« Il ne s'agit pas ici de gardes [garde haute, intermédiaire
ou basse] au sabre.

Vous êtes de niveau inférieur si vous vous laissez avaler
par l'esprit de l'adversaire, si vous êtes en retard par rapport
à lui ou si vous frappez avec le corps, l'esprit et le sabre à
l'unisson.

Au niveau intermédiaire, on attaque parce que
l'adversaire attaque. L'esprit aussi semble se calquer sur
celui de l'adversaire. Agir en toute occasion en fonction
de son ennemi est mauvais. [Un pratiquant] au niveau
intermédiaire n'est pas bon car même s'il semble doué, il ne

peut se détacher de son adversaire.

Au niveau supérieur, quelles que soient les actions de l'adversaire, on le contrôle, on prend l'initiative puis en séparant bien l'esprit et le sabre, on entre et on gagne au point d'impact. C'est cela le niveau supérieur. De nombreux aspects de cet enseignement ne se font que de bouche à oreille. » (IMAMURA Y., *Nihon budō taikei*, p. 107-108).

Nous ne savons pas exactement ce que Suisaiken a voulu dire par « on entre et on gagne au point d'impact ». Nous nous sommes donc contentés de traduire littéralement ce passage.

Il est aussi intéressant de noter que « frapper avec le corps, l'esprit et le sabre à l'unisson » relève pour Suisaiken d'un niveau inférieur du combat au sabre. En kendo, l'unité de l'esprit, du sabre et du corps ou *ki ken tai itchi* (気剣体一致) est un concept fondamental. On enseigne que « lorsque ces trois éléments s'harmonisent et fonctionnent en même temps, ils créent les conditions nécessaires à une attaque valide » (ALL JAPAN KENDO FEDERATION, *Japanese-English Dictionary*, p. 56).

Suisaiken n'est d'ailleurs pas le seul à s'opposer à cette idée, puisque Musashi la conteste à son tour dans l'article n° 16 « Du corps à la place du sabre ».

Miyamoto Musashi, 『布袋観闘鶏図』(*Hotei regardant un combat de coqs*)
Encre sur papier 71 x 32cm
(Collection privée)

66

[11] De l'*itokane* [121]

Vous devriez avoir un *itokane* [1] dans votre esprit à tout moment. Si vous observez chacun de vos adversaires avec cet état d'esprit, vous connaîtrez facilement leur force, leurs faiblesses, leur maintient et leurs gauchissements, leurs tensions et leur relâchements. En faisant de votre esprit la base du fil et en tirant ce fil bien droit, vous apprécierez clairement l'état d'esprit de vos adversaires. De cette façon, vous devriez discerner le rond et le carré, le long et le court, l'arqué et le droit. Cela demande de la pratique.

---

121. Musashi ne reprend pas cet article dans le *Gorin no sho*. Par contre il développe dans le troisième article du *Rouleau de la terre* une comparaison entre les métiers du bois (plus précisément celui du charpentier) et la stratégie (TOKITSU K., *Miyamoto Musashi*, p. 37).

一、いとかねと云事

常に糸かねを心に持べし。相手毎に、いとを付て見れば、強き処・弱き処、直き所・ゆがむ所、はる所・たむる所、我が心をかねにして、すぐにして、いとを引あて見れば、人の心能しるゝ物也。其かねにて、円きにも・角なるにも、長きをも・短きをも、ゆがみたるをも・直なるをも、能知るべき也。工夫すべし。

(I). Nous avons laissé le mot *itokane* tel quel dans le texte car il est en réalité difficile de le traduire. *Ito* (糸) signifie fil et *kane* (金), métal, et il serait donc tentant de traduire *itokane* par « fil à plomb ». Toutefois, *itokane* est un mot qui n'apparaît que chez Musashi et, à notre connaissance, nulle part ailleurs. Fil à plomb se dit en japonais *suijun* (垂準) ou bien encore *sagezumi* (下げ墨). Cet outil était bien sûr connu des menuisiers et des charpentiers à l'époque de Musashi. Le fil était souvent imbibé d'encre et l'on pouvait ainsi s'en servir pour marquer sur le bois des repères. Difficile en tout cas d'affirmer avec certitude que Musashi parle bien dans cet article de fil à plomb. Tokitsu Kenji propose comme traduction « fil gradué » en se basant sur le fait que *kane* peut également signifier règle ou éventuellement équerre (TOKITSU K., *Miyamoto Musashi*, p. 130).

Quoi qu'il en soit, fil à plomb ou fil gradué, la métaphore utilisée par Musashi reste claire. En tirant sereinement le fil de l'*itokane* bien droit en face de soi, c'est-à-dire en utilisant l'œil qui perçoit et non pas celui qui voit (cf. article n° 7 « De la façon de regarder »), on est capable d'apprécier la situation du combat, les forces, les faiblesses et la volonté de l'adversaire. Suisaiken insiste d'ailleurs sur le fait que l'*itokane* doit être utilisé avec « le cœur qui perçoit » (*kan no kokoro*, 観の心), (IMAMURA Y., *Nihon budō taikei*, p. 108).

68

[12] De la voie du sabre [122] (I)

Si vous ne connaissez pas suffisamment la voie du sabre, il vous sera difficile de manier celui-ci. De plus, si vous utilisez trop de force, si vous ne distinguez pas le dos (*mune*) et le plat (*hira*) de la lame ou si vous maniez le sabre long comme un sabre court ou une spatule (II), vous ne pourrez le maîtriser au moment capital de pourfendre l'ennemi. Afin d'atteindre à coup sûr votre ennemi, vous devez acquérir la maîtrise de la voie du sabre et manier ce dernier calmement, comme s'il s'agissait d'un sabre lourd. Il faut bien s'y entraîner.

---

122. Musashi développe cet article dans le *Rouleau de l'eau* n° 8 « Le trajet du sabre » (Tokitsu K., *Miyamoto Musashi*, p. 59).

一、太刀之道の事

太刀の道を能知らざれば、太刀心の儘に振りがたし。其上つよからず、太刀のむねひらを不_レ_弁、或は太刀を小刀に仕ひなし、或はそくいべらなどの様に仕付れば、かんじんの敵を切る時の心に出合がたし。常に太刀の道を弁へて、重き太刀の様に、太刀を静にして、敵に能あたる様に、鍛練有べし。

(I). Nous avons choisi de traduire le titre de cet article par « *voie* » *du sabre*, mais les mots « trajectoire », « chemin » auraient pu convenir. Par « voie » du sabre, on entend ici à la fois la trajectoire de l'arme au moment de l'attaque, mais aussi la direction de la lame. On utilise généralement en japonais le mot *hasuji* (刃筋) qui dénote à la fois l'angle ou la direction de la lame du sabre et le terme *tachisuji* (太刀筋) qui renvoie spécifiquement à la trajectoire du sabre.

Il est important de noter que le mot « voie », lorsqu'appliqué aux choses de l'Orient, a pris une certaine connotation philosophique qui ne s'applique pas dans le cas présent.

(II). Il s'agit ici d'une spatule utilisée pour appliquer de la colle de riz. Lorsque l'on manie un sabre court ou que l'on utilise une spatule, leur faible poids autorise toute une variété de mouvements. Dans le cas du combat au sabre court, l'utilisation du poignet permet, entre autre, d'accélérer la lame au moment de la coupe. Par contre, lorsque l'on brandit à une main un sabre long, son poids restreint considérablement les mouvements de poignets car on a tendance à garder la main dans l'alignement de l'avant-bras. On utilise alors tout le bras pour compenser l'inertie du sabre.

[13] Frapper et toucher [123] (I)

Quel que soit le type de sabre que vous utilisez, vous devez frapper intentionnellement, en étant bien conscient de l'endroit que vous désirez atteindre, comme lorsque vous testez une lame (*tameshimono*) (II). Parfois, il arrive que l'on touche l'ennemi par hasard, sans intention propre. Pourtant, même si l'on touche avec force, toucher n'est pas frapper. Il ne faut pas espérer toucher par hasard le corps de votre ennemi ou son sabre pour l'écarter. Réaliser une vraie frappe c'est utiliser ses jambes et ses mains avec détermination. Cela nécessite beaucoup de pratique.

---

123. Musashi reprend cette idée dans le *Rouleau de l'eau* n° 19 « La frappe et le coup » (TOKITSU K., *Miyamoto Musashi*, p. 67).

一、打とあたると云事

打とあたると云事、何れの太刀にてもあれ、うち所を慥に覚へ、ためし物など切る様に、おもふさま打事なり。又あたると云事は、慥なる打見へざる時、いづれなりともあたる事有り。あたりにも、つよきはあれども、うつにはあらず。敵の身にあたりても、太刀にあたりても、あたりはづしても不苦、真のうちをせんとして、手足をおこしたつる心なり。能々工夫すべし。

(I). 打 (*utsu*) veut dire « frapper », alors que あたる (*ataru*) signifie « heurter », ou dans le cas présent « toucher par hasard ».

(II). ためし物 (*tameshimono*) : Musashi fait clairement référence à la pratique du *tameshigiri* (試し切り), c'est-à-dire à l'appréciation ou à l'évaluation d'une lame. Cette pratique est mentionnée dès le xᵉ siècle, mais il faut attendre la période Edo pour qu'elle devienne fréquente (Sesko Markus, *Tameshigiri, The History and Development of Japanese Sword Testing*, s.l., Lulu Enterprises, 2014).

Les « cibles » étaient généralement les corps de condamnés à mort.

[14] Des trois initiatives [124]

Ce que je nomme les trois initiatives :

1- Prendre l'initiative en attaquant mon ennemi.
2- Prendre l'initiative lorsque l'ennemi m'attaque.
3- Prendre l'initiative lorsque mon ennemi et moi attaquons en même temps.

Lorsque je prends l'initiative en attaquant, j'adopte une posture agressive, mais sans dévoiler mes intentions [I] ni utiliser toutes mes jambes [II]. Je suis ni relâché ni crispé et fais en sorte de troubler l'esprit de mon ennemi. C'est cela l'initiative dans l'attaque [III].

Ensuite, pour prendre l'initiative au moment où mon ennemi attaque, il est important que mon corps ne trahisse pas mon état d'esprit. Lorsque je suis suffisamment près de mon ennemi, je libère ma volonté et prends l'initiative en fonction de ses mouvements [IV].

Enfin, lorsque mon ennemi et moi attaquons au même instant, je rassemble mes forces, je reste bien droit, et par mon sabre, ma posture, mon déplacement et ma volonté, je prends l'initiative [V]. Prendre l'initiative est quelque chose d'important [VI].

---

124. Musashi développe cet article dans le *Rouleau du feu* n° 3 « Les trois prises d'initiative » (Tokitsu K., *Miyamoto Musashi*, p. 81-85).

一、三ツの先と云事

三ツの先と云は、一ツは、われ敵の方へかゝりての先也、二ツには、敵我方へかゝる時の先、又三ツには、我も懸り敵も懸時の先、是三ツの先の先なり。
我かゝる時の先は、身は懸る身にして、足と心を中に残し、たるまず、はらず、敵の心を動かす、是、懸の先也。
又敵懸り来る時の先は、我身に心なくして、程近き時、心をはなし、敵の動きに随ひ、其儘先に成べし。
又互に懸り合時、我身をつよく、ろくにして、太刀にてなり共、身にて成共、足にて成共、心にて成共、先になるべし。先を取事、肝要也。

(I). Ce passage est assez difficile à traduire, car contrairement à l'article n° 9 sur « l'état d'esprit » où Musashi distingue *i no kokoro* de *shin no kokoro*, il n'est question ici que de *kokoro*, sans autre précision. Il faut donc déterminer à chaque fois si *kokoro* fait référence à la « volonté » ou à « l'esprit », soit en s'aidant du contexte, soit en s'appuyant sur l'article du *Gorin no sho* dont le contenu est un peu plus détaillé.

(II). Dans le *Gorin no sho*, Musashi indique qu'il faut tout d'abord rester calme, puis attaquer soudainement, avec un déplacement éclair. En restant calme, la volonté que l'on a d'attaquer le premier ne se manifeste pas. Le cœur de l'adversaire peut se troubler si ce dernier commence à douter nos intentions —doutes pouvant entraîner peurs ou hésitations— ou s'il est surpris par l'attaque éclair (TOKITSU K., *Miyamoto Musashi*, p. 83).

(III). *Ken no sen* (懸の先). Suisaiken nomme cette initiative *kai no sen* (掛の先), mais sa signification reste globalement la même : initiative dans l'attaque. Il explique comment troubler l'esprit de l'ennemi. On peut le presser avec son sabre long ou son sabre court, avec son *ki*, en se déplaçant, ou avec les yeux. On peut également le surprendre en passant soudainement d'une garde haute à une garde basse (combat à un sabre) ou de la garde *enkyoku* (円曲) à la garde *suikei* (水形) (combat à deux sabres). Suisaiken conseille par contre de ne pas se focaliser uniquement sur l'idée de troubler l'esprit de l'adversaire (IMAMURA Y., *Nihon budō taikei*, p. 108-109 ; concernant les gardes, se reporter au chapitre 39-1 du *Heihō sanjūkyū kajō*).

(IV). Musashi ne donne pas nom spécifique pour cette seconde initiative. Par contre, il la nomme *tai no sen* (待の先) dans le *Gorin no sho*, c'est-à-dire « l'initiative dans l'attente ».

Lorsque l'ennemi frappe en premier, il ne faut pas que notre esprit soit troublé par cette attaque et que ce trouble se transmette à tout le corps. En attaquant, l'ennemi va fatalement se trouver à un moment ou un autre à portée de frappe. Musashi attend ce moment précis pour libérer sa volonté et frapper, tout en prenant soin de s'adapter à aux mouvements de son adversaire.

Dans les écoles Yagyū Shinkage-ryū (柳生新陰流) et Ono-ha Ittō-ryū (小野派一刀流) on conseille de laisser l'adversaire attaquer en premier. Plutôt que de reculer par peur d'être pourfendu, l'adepte de la tradition Yagyū va, au contraire, avancer de façon résolue sous la lame qui s'abat, pour ensuite l'esquiver tout en la contrôlant afin de porter le coup fatal. Dans la tradition Yagyū Shinkage-ryū, on nomme ce principe *marobashi* (転). Il est impossible de dire si Musashi a été influencé ou non par ce concept, mais son « initiative dans l'attente » y ressemble beaucoup (UOZUMI Takashi *et al.*, « Nihon no budō bunka no seiritsu kiban, Shinkage-ryū to Ittō-ryū kenjutsu no kenkyū wo tōshite », in *Budō, supōtsu kagaku kenkyūjo nenpō*, vol 14, 2008, p. 133-166 ; vol 15, 2009, p. 119-148 ; vol 16, 2010, p. 98-134 ; vol 17, 2011, p. 107-144 ; vol 18, 2012, p. 105-138 ; vol 19, 2013, p. 27-48 ; TATSUGI Yukitoshi *et al.*, « Kinse ryūha kenjutsu kara kindai kendō he no tenkai katei, Ittō-ryū no kenkyū wo chūshin ni », in *Budō, supōtsu kagaku kenkyūjo nenpō*, vol 20, 2014, p. 39-64).

On retrouve également cette idée dans les disciplines modernes. L'aïkido développe la développe dans la dualité *irimi-tenkan* (入身・転換) alors qu'en kendo, les techniques dites *debana* (出ばな) ou *degashira* (出頭) se rapprochent de l'idée de Musashi.

(V). Musashi ne donne pas ici de nom pour la troisième initiative. Dans le *Gorin no sho* par contre, il la nomme « l'initiative corps-corps » ou *tai-tai no sen* (體體の先).

En kendo, on différencie également trois initiatives, appelées respectivement *sen-sen no sen* (先々の先), *sen* (先) et *go no sen* (後の先). *Sen-sen no sen* consiste à attaquer l'adversaire juste au moment où celui-ci s'apprête à lancer son assaut. *Sen-sen no sen* ressemble donc à la première initiative de Musashi, *ken no sen*. *Sen* représente le moment où l'on attaque dans l'attaque de l'adversaire et s'apparente au *tai-tai no sen* de Musashi. Enfin, *go no sen* signifie prendre l'initiative après que l'adversaire a lancé son attaque. *Go no sen* se rapproche de la deuxième initiative de Musashi, *tai no sen*.

(VI). On notera que dans cet article, Musashi décrit la prise d'initiative comme un phénomène « corporel » (posture, déplacements) et « mental » (contrôle de la volonté et de l'esprit). Il ne mentionne le sabre que dans la dernière initiative, sans d'ailleurs en détailler le rôle. Cela souligne bien l'importance qu'accorde Musashi à l'utilisation du corps et au contrôle de l'esprit. A aucun moment, il ne décrit de véritables techniques de combat. C'est certainement une des spécificités de son style par rapport à celui de ses contemporains et cela explique peut-être pourquoi la tradition Niten Ichi-ryū qui s'est transmise jusqu'à nos jours ne comporte que peu de *kata* comparé aux autres écoles martiales.

76

[15] Franchir le point critique [125] (I)

Lorsque mon ennemi et moi sommes en mesure de nous toucher mutuellement (II), si je veux frapper et franchir le point critique, je me colle au plus près de mon ennemi avec mes jambes et mon corps (III). Il n'y a alors plus rien à craindre. Tout ceci se trouve dans article distinct [126]. Il faut discerner cela avec minutie.

---

125. Cet article est présenté de façon plus détaillée dans le *Rouleau du feu* n° 5 « Franchir un endroit critique ». (TOKITSU K., *Miyamoto Musashi*, p. 85).

126. Nous ne savons pas exactement à quel article Musashi fait allusion ici.

一、渡をこすと云事

敵も我も互にあたる程の時、我太刀を打懸て、との内こされんとおもはゞ、身を足もつれて、身際へ付べき也。とをこして気遣はなき物也。此類、跡先の書付にて、能々分別有るべし。

(I). Cet article est absent du *Heihō sanjūkyū kajō*, la version augmentée du *Heihō sanjūgo kajō*.

(II). Ils sont alors au point critique.

(III). Il faut ici penser le duel au sabre en terme de zones : une première zone de sécurité où les adversaires sont trop éloignés pour pouvoir se toucher, puis une zone de danger où les attaques sont effectives, enfin une zone au corps à corps où le sabre long ne peut plus être utilisé efficacement, faute d'espace. Musashi enseigne donc ici l'importance de franchir ce point critique qu'est cette zone de danger et de rentrer au corps à corps.

Il est intéressant de noter que dans son commentaire, Suisaiken utilise un autre caractère pour écrire le titre de cet article. Il remplace *to* (渡), que nous avons traduit ici par « point critique » mais qui signifie littéralement « traversée » (d'où le titre mot à mot « franchir la traversée »), par *to* (戸), la « porte », c'est-à-dire franchir la porte. Il explique ceci par un jeu de mot et une métaphore. Pour Suisaiken, franchir le point critique revient à traverser la Mer Intérieure de Seto (qui sépare les îles de Honshu, Shikoku et Kyushu). Seto s'écrit en japonais 瀬戸 et utilise donc le *kanji* de la porte. Suisaiken dit qu'il faut toujours observer la marée avant de traverser la mer. Parfois, selon cette marée, il est tout simplement impossible de traverser. C'est pour lui la même chose lorsqu'on se bat en duel au sabre. Les actions et les intentions de l'adversaire sont une marée qu'il faut observer avant de pouvoir franchir le point critique (IMAMURA Y., *Nihon budō taikei*, p. 109).

[16] Du corps à la place du sabre [127]

Lorsque vous frappez avec votre sabre, votre corps ne doit pas y être connecté. Lorsque l'on regarde votre corps attaquer, on doit voir arriver le sabre seulement ensuite. Il faut garder l'esprit vide et ne pas frapper avec le sabre, le corps et l'esprit en même temps [I]. Dans une attaque, l'esprit et le corps sont essentiels [II]. Il faut examiner cela minutieusement.

---

127. On retrouve cet article dans le *Rouleau de l'eau* n° 18 « Le corps qui remplace le sabre » (TOKITSU K., *Miyamoto Musashi*, p. 67).

一、太刀にかわる身の事

太刀にかわる身と云は、太刀を打だす時は、身はつれぬ物也。
又身を打と見する時は、太刀は迹より打心也。是空の心也。
太刀と身と心と一度に打つ事はなし。中に在心、中に在身、能々
吟味すべし。

(I). Tout comme Suisaiken dans son commentaire de l'article n° 10
« De la connaissance des niveaux inférieur, intermédiaire et supérieur
de l'escrime », Musashi réfute ici l'idée du *ki ken tai itchi* (unité de
l'esprit, du sabre et du corps), chère aux disciplines modernes comme
le kendo, le naginata ou le jukendo. Il semblerait que ce concept
soit relativement récent. Les plus importantes traditions du sabre à
l'époque de Musashi préconisent en général la dissociation du sabre
et du corps. Musashi enseigne dans cet article que les trois éléments
corps, esprit et sabre ne bougent jamais en même temps : le corps
s'avance puis le sabre jaillit. On retrouve cet enseignement dans la
tradition Yagyū Shinkage-ryū où l'on préconise d'avancer légèrement
le corps avant de bouger le sabre, dans l'attaque de l'adversaire. C'est
ce que l'on appelle *ma wo nusumu* (間を盗む), c'est-à-dire « voler
l'intervalle ». Musashi reprend cette idée dans l'article n° 18 « Fouler
le sabre ».

Dans la tradition Ono-ha Ittō-ryū existe également l'enseignement
issoku-ittō (一足一刀) ou « un pied, un sabre ». Cela signifie que les
pieds (le corps) avancent en premier et que le sabre bouge seulement
ensuite. Le terme *issoku-ittō* est toujours utilisé en kendo, mais son
sens a changé. Il désigne désormais l'intervalle permettant d'attaquer
l'adversaire ou d'esquiver son attaque à l'aide d'un seul pas.

(II). Musashi préconise dans cet article la séparation du sabre, du corps et de l'esprit, mais il donne également plus d'importance au corps et à l'esprit qu'au sabre. Le corps et l'esprit sont difficilement dissociables et c'est pourquoi Musashi souligne l'importance d'avoir l'esprit vide (cf. également l'article n° 9 « De l'état d'esprit »). Lorsque l'on veut pourfendre son adversaire, le corps et l'esprit rentrent en conflit à cause du « point critique » évoqué dans l'article n° 15. Si je peux atteindre mon adversaire, alors il peut m'atteindre aussi. Le point critique est bien sûr d'ordre spatial, mais il est en réalité aussi d'ordre psychologique. Plus on s'approche de l'adversaire et du point critique, plus l'esprit peut s'y opposer par instinct de survie. Diverses faiblesses psychologiques (*shikai*) peuvent alors surgir et nous entraîner vers la défaite. Il faut donc atteindre le niveau de l'esprit le plus élevé, c'est-à-dire *kū* (空) ou « vide » (un concept que l'on nomme aussi *mushin* (無心) « esprit vide »). On parle également de *munen musō* (無念無想) « pas de pensées, pas d'intentions » évoqué brièvement par Musashi dans l'article n° 23 « De la connaissance des différents rythmes ». C'est seulement avec l'esprit vide que l'on peut avancer au niveau du point critique sans bouger son sabre, c'est-à-dire sans s'inquiéter d'être défait par son adversaire.

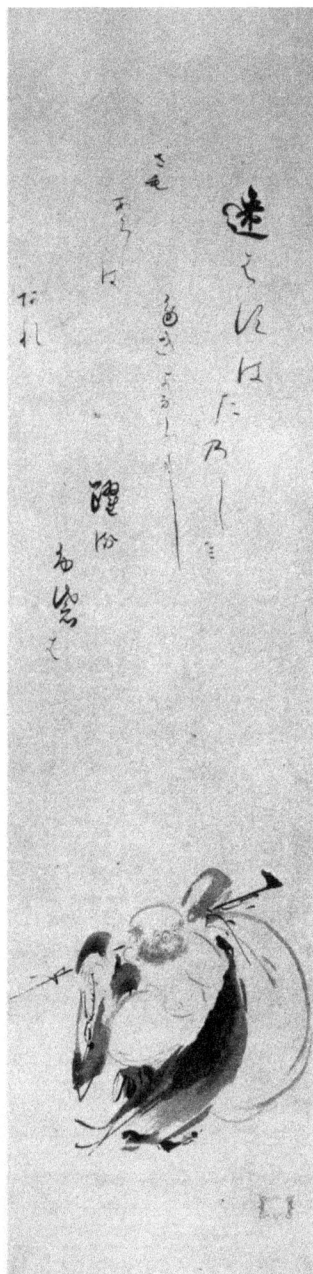

Miyamoto Musashi, 『布袋図』(*Hotei*)
Encre sur papier, 107 x 27cm
(Collection privée)

[17] Des deux pas [128]

Dans une attaque au sabre, il y a un déplacement de deux pas. Lorsque vous montez sur la lame de l'adversaire [I] ou la chassez, lorsque vous avancez ou lorsque vous vous écartez, cela se fait sur deux pas. C'est ce que l'on appelle « faire succéder les pas ». Dans une attaque, ne faire qu'un pas c'est s'exposer à rester figé [II]. Si vous pensez aux deux pas, vos pieds seront toujours en mouvement de façon naturelle [III]. Cela nécessite beaucoup de pratique.

---

128. Musashi reprend l'idée des deux pas dans son article sur les déplacements dans le *Rouleau de l'eau* n° 6 « La façon de déplacer les pieds » ; mais il change de vocabulaire et utilise alors le terme des pas *in* et *yō*, c'est-à-dire yin et yang (TOKITSU K., *Miyamoto Musashi*, p. 57).

一、二つの足と云事

二つの足とは、太刀一つ打内に、足は二つはこぶ物也。太刀
に乗り、はづし、つぐも、ひくも、足は二つの物也。「足をつぐ」
と云心、是なり。太刀一つに足一つづゝふむは、居付はまる也。
二つと思へば常にあゆむ足也。能々工夫あるべし。

(I). *Tachi ni nori* (太刀に乗り) : littéralement « monter sur le
sabre ». Il ne s'agit pas, bien sûr, de monter et de se tenir en équilibre
sur le sabre de l'adversaire, comme on peut parfois le voir au cinéma.
L'idée ici serait plutôt d'appuyer notre sabre sur celui de l'adversaire
afin de le contrôler et de restreindre sa liberté d'action.

De nos jours, on utilise généralement dans ce contexte le verbe
osaeru (押さえる) qui veut dire « appuyer », plutôt que *noru* (乗る),
« monter », bien que ce dernier soit toujours présent en kendo (ALL
JAPAN KENDO FEDERATION, *Japanese-English Dictionary*, p. 76).

On pourrait aussi faire remarquer que dans la tradition Ono-ha Ittō-
ryū, on retrouve le terme *nori-mi* (乗り身) « le corps qui monte » pour
signifier que l'on superpose son sabre à celui de l'adversaire.

(II). Le *Enmei suisaiden bibōfu* ne fait que paraphraser très
brièvement cet article. Le commentaire se conclut en disant que ne
faire qu'un pas revient à avoir le pied mort, probablement par analogie
avec l'article n° 4 « De la tenue du sabre » où Musashi explique l'idée
des mains « vivantes » ou « mortes » (IMAMURA Y., *Nihon budō taikei*,
p. 109).

(III). On rappellera ici que Musashi préconise dans l'article n° 6 que
la façon de se déplacer doit être « avant tout comme la façon normale
que l'on a de marcher ». Or, naturellement lorsque l'on marche, on
finit toujours de se déplacer en revenant les deux pieds sur la même
ligne. Il ne semble pas naturel de s'arrêter sur un pas avec un pied en
avant. On fait donc toujours le deuxième pas, sans y penser vraiment,
afin de revenir à une position neutre.

[18] Fouler le sabre [129]

Il est possible de fouler [I] la pointe du sabre [de l'adversaire] avec le pied. Avec mon pied gauche, il m'arrive de fouler l'endroit où le sabre de mon ennemi est sur le point d'arriver. A cet instant, si vous pouvez frapper en premier avec votre sabre, votre corps ou votre esprit, vous gagnerez quoi qu'il arrive [II]. Si vous n'avez pas ceci à l'esprit, le combat risque de stagner maladroitement, ce qui est chose mauvaise. Vos jambes doivent être détendues. Fouler le sabre est un phénomène qui ne survient que rarement. Cela nécessite beaucoup de pratique.

---

129. Musashi reprend cette idée dans le *Rouleau du feu* n° 7 « Ecraser le sabre avec le pied » (TOKITSU K., *Miyamoto Musashi*, p. 87).

一、劍をふむと云事

太刀の先を、足にてふゆまると云心也。敵の打懸太刀の落つ
く処を、我左の足にてふまゆる心也。ふまゆる時、太刀にて
も、身にても、心にても、先を懸れば、いかやうにも勝位なり。
此心なければ、とたんとたんとなりて、悪敷事也。足はくつ
ろぐる事もあり。劍をふむ事度々にはあらず。能々吟味在るべ
し。

(I). *Ken wo fumu* (劍をふむ) « Fouler le sabre » est bien sûr une
métaphore. Tout comme dans l'article précédant, il ne s'agit pas de
marcher sur le sabre de l'adversaire, mais d'avancer son pied juste
sous l'endroit où la pointe de sa lame s'abat. C'est ce que l'on appelle
ma wo nusumu ou « voler l'intervalle ». Ceci est à mettre en lien avec
la deuxième initiative présentée par Musashi (cf. article n° 14) et l'idée
du « corps à la place du sabre » abordée dans l'article n° 16.

(II). Musashi définit ainsi « l'initiative dans l'attente » (cf. article
n° 14):

> « Pour prendre l'initiative au moment où mon ennemi
> attaque, il est important que mon corps ne trahisse pas mon
> état d'esprit. Lorsque je suis suffisamment près, je libère ma
> volonté et prends l'initiative en fonction des mouvements de
> mon ennemi. »

Musashi attend que son adversaire attaque puis « foule son sabre »,
c'est-à-dire dérobe l'intervalle en avançant le pied gauche à l'endroit
où la lame adverse s'abat. Ce mouvement du pied gauche vers l'avant
s'effectue sans bouger le sabre. L'attaque ne vient qu'ensuite, en
fonction du placement de l'adversaire et de son arme.

[19] Du contrôle de l'ombre [130] (I)

Il s'agit ici de contrôler le yin (l'ombre). Lorsque vous observez la posture de votre ennemi, vous pouvez sentir les endroits où son esprit déborde et d'autres où il semble insuffisant. Vous faites tout d'abord pression avec votre sabre là où son esprit déborde, puis pressez soudainement un point où son esprit est faible (II). Le rythme de votre adversaire deviendra confus et la victoire sera acquise. Toutefois, il est important de garder l'esprit clair et de ne pas oublier l'endroit à attaquer (III). Cela demande de la pratique.

---

130. Ce concept est repris dans le *Rouleau du feu* n° 12 « Comprimer l'ombre » (TOKITSU K., *Miyamoto Musashi*, p. 91).

一、陰をおさゆると云事

陰のかげをおさゆると云事、敵の身の内を見るに、心の余り
たる処もあり、不足の処も在り。我太刀も、心の余る処へ、
気を付る様にして、たらぬ所のかげに其儘つけば、敵拍子ま
がひて勝能物也。されども、我心を残し、打処を不ㇾ忘所、肝
要なり。工夫あるべし。

(I). Cet article et celui qui suit, « Faire bouger l'ombre » sont
peut-être les plus difficiles à traduire et à interpréter de tout le *Heihō
sanjūgo kajō*. Il convient d'abord d'expliquer que le *kanji* pour écrire
« ombre » dans cet article n'est pas le même que dans le suivant. En
effet, Musashi utilise ici 陰, qui se lit *kage* mais aussi *in*, c'est-à-dire
le principe passif de la cosmogonie chinoise : le yin. Dans l'article
suivant, il emploie 影 pour écrire *kage* et qui se prononce également
yō, c'est-à-dire le principe actif de la cosmogonie chinoise : le yang.
Le titre de cet article traduit mot à mot donne « appuyer sur le yin ».

(II). Comme le rappelle Suisaiken dans le *Enmei suisaiden bibōfu*,
« le yin est l'ombre ; c'est quelque chose qui n'apparaît pas ». Le yin
renvoie ici aux endroits où l'esprit de l'adversaire est « insuffisant »,
c'est à dire manquant. Suisaiken explique qu'en faisant pression
à l'endroit où l'esprit de l'ennemi est le plus fort, ce dernier va
éventuellement se retrouver avec « l'esprit divisé », ce qui va exacerber
la différence entre les endroits où l'esprit déborde et ceux où il manque.
L'adversaire se focalise alors sur la pression exercée là où son esprit
déborde et n'est plus capable de réagir lorsque la pression (l'attaque)
se porte tout à coup vers un endroit faible. Comme le dit Musashi :
« le rythme de votre adversaire deviendra confus et la victoire sera
acquise. » (IMAMURA Y., *Nihon budō taikei*, p. 110).

(III). Autrement dit, il ne faut pas se focaliser sur l'endroit où
l'esprit déborde au point de rater l'occasion de frapper là où il fait
défaut.

[20] Faire bouger l'ombre [131] [(I)]

Le yang (*yō*) est l'ombre du yin (*in*) [(II)]. L'ennemi est en garde, le corps en avant et le sabre vers l'arrière. Vous faites alors pression avec votre esprit sur son sabre, mais en faisant le vide dans votre corps [(III)]. Frappez là où votre ennemi avance ; il devra alors à coup sûr changer de posture [(IV)]. S'il bouge, il vous sera facile d'obtenir la victoire. On ne voyait pas ce genre de technique dans le temps [(V)]. De nos jours, on n'aime pas l'immobilité, il vous faut donc frapper ce qui vient [(VI)]. Cela nécessite beaucoup de pratique.

---

131. Ce concept est repris dans le *Rouleau du feu* n° 11 « Faire bouger l'ombre » (TOKITSU K., *Miyamoto Musashi*, p. 91).

一、影を動かすと云事

影は陽のかげ也。敵太刀をひかへ、身を出して構時、心は敵
の太刀をおさへ、身を空にして、敵の出たる処を、太刀にう
てば、かならず敵の身動出なり。動出れば勝事やすし、昔は
なき事也。今は居付心を嫌て、出たる所を打也、能々工夫有
べし。

(I). Même remarque que pour l'article précédant. Le titre de cet
article traduit mot à mot donne « faire bouger le yang ».

(II). Se reporter au commentaire (I) de l'article précédant.

(III). Nous avons laissé ici la traduction littérale : *mi wo kū ni shite*
(身を空にして) « faites le vide dans votre corps ». On peut cependant
interpréter ce passage en se basant sur l'article n° 9 « De l'état
d'esprit » et le traduire par « sans montrer vos intentions »

(IV). Ce passage reste vague et peut donner lieu à deux lectures :
la littérale, que nous avons gardé dans la traduction, ou « Frappez là
où le corps de votre ennemi ressort ; il devra alors à coup sûr bouger
[pour esquiver]. » Malheureusement, Suisaiken utilise dans son
commentaire la même formulation, et nous n'avons pas pu trancher
objectivement pour l'une ou l'autre de ces traductions (IMAMURA Y.,
Nihon budō taikei, p. 110).

Il faut rappeler ici qu'à l'époque de Musashi, un certain nombre
d'écoles ont pris pour habitude de nommer « yang » une garde où le
sabre est devant le corps et « yin » une garde où le corps est avancé, le
sabre pointant vers l'arrière (voir illustration page suivante). C'est-à-
dire que le sabre est considéré « yang » alors que le corps est considéré
« yin ».

Garde « yin »   **Garde « yang »**

Yagi no mokuroku『八木之目録』(1627)
Bokuden Matsugo-ryū (卜伝末後流)
(collection privée)

Dans l'article précédant, Musashi parle de contrôler (ou presser) le yin. On s'attend donc à ce qu'il explique une pression sur le corps de l'adversaire, et c'est effectivement le cas. Dans cet article, il enseigne de faire bouger le yang et on s'attend alors à ce qu'il explique comment faire bouger le sabre de l'adversaire. Or ici, il parle de faire pression mentalement sur le sabre au début, mais la suite de l'article ne parle que du corps de l'adversaire et ne mentionne plus le sabre. Nous pensons que la lecture littérale de ce passage (« frappez là où votre ennemi avance ; il devra alors à coup sûr changer de posture ») ou celle donnée plus haut dans ce commentaire (« frappez là où le corps de votre ennemi ressort ; il devra alors à coup sûr bouger [pour esquiver] ») ne conviennent pas forcément et qu'il serait peut-être plus juste de lire ici « frappez là où le corps de votre ennemi ressort ; il devra alors à coup sûr *bouger son sabre*. S'il bouge son sabre, il vous sera facile d'obtenir la victoire ».

Le problème que l'on rencontre lorsque l'on traduit ces deux articles, c'est que Musashi finalement « change d'avis » dans le *Gorin no sho* : Il contrôle le yang et fait bouger le yin !

L'article « faire bouger le yin » du *Gorin no sho* reprend les éléments de « faire bouger le yang » du *Heihō sanjūgo kajō*. L'ennemi est en garde avec son sabre vers l'arrière et Musashi le force à bouger. Le yin est quelque chose qui n'apparaît pas (métaphoriquement le sabre à l'arrière du corps) et on le force à bouger afin qu'il se révèle. Dans l'article « contrôler le yang » du *Gorin no sho*, Musashi contrôle les intentions manifestes de l'adversaire.

Tout cela peut également mener à penser qu'au moment où Musashi écrit le *Heihō sanjūgo kajō*, il considère « yin » une garde où le sabre se tiendrait devant le corps, et « yang », ou agressive, une garde où le corps serait devant et le sabre à l'arrière, à contre-pied donc de ses contemporains. Un indice qui pourrait corroborer cette idée est que Musashi ne parle, tout au long du *Heihō sanjūgo kajō*, quasiment que du corps, très souvent de l'esprit et qu'occasionnellement du sabre. Le corps serait ainsi un principe actif et le sabre un principe passif. Si on accepte cette idée des « gardes inversées », alors « faire bouger le yang » signifierait ici faire bouger l'adversaire qui est en garde yang (puisqu'il a le corps en avant dans cet exemple) et « contrôler le yin » pourrait vouloir dire faire pression sur l'adversaire lorsqu'il est en garde sabre vers l'avant. Nous ne pouvons par contre pas expliquer pourquoi Musashi reviendrait alors, dans le *Gorin no sho*, à l'idée communément acceptée de la garde yang sabre devant et de la garde yin sabre à l'arrière.

(V). Suisaiken explique que ce passage signifie « cette technique n'existe pas dans les autres écoles » sans donner plus de détails.

(VI). Passage obscur, non expliqué dans le *Enmei suisaiden bibōfu* et non repris dans le *Gorin no sho*. En se basant sur les commentaires donnés plus haut, on peut remplacer « il vous faut donc frapper ce qui vient » soit par « il vous faut donc frapper la partie avancée du corps de l'adversaire », soit par « il vous faut donc frapper le sabre qui vient vers vous. »

[21] Relâcher la corde [132]

Voici ce que j'appelle « relâcher la corde » [I]. Lorsque mon esprit et celui de mon adversaire sont extrêmement tendus [II], il faut alors au plus vite relâcher la corde, par le corps, les pieds ou l'esprit. Il est préférable de relâcher la corde au moment où votre ennemi ne s'y attend pas [III]. Cela demande de la pratique.

---

132. Cet article n'est pas présent dans le *Gorin no sho*.

一、弦をはづすと云事

弦をはづすとは、敵も我も心ひつばる事有り。身にても、足
にても、心にても、はやくはづす物也。敵おもひよらざる処
にて、能々はづるゝ物也。工夫在べし。

(I). Même si ce n'est pas clairement énoncé par Musashi, il s'agit ici
d'une corde d'arc ou *tsuru* (弦).

(II). Ici, « tendu » n'est pas à prendre au sens d'« inquiet », mais signifie
plutôt « puissant » ou « déterminé ».

(III). Donnons un exemple simpliste : deux personnes s'attrapent à bras-
le-corps et se poussent l'une l'autre. « Relâcher la corde » consisterait alors
à faire un pas de côté au moment où l'autre pousse de toutes ces forces. Ce
dernier trébucherait alors, aspiré par le vide ainsi créé. Suisaiken revient
longuement sur cet article dans le *Enmei suisaiden bibōfu* :

> « Il arrive que l'énergie vitale de l'ennemi soit à son
> maximum et que son esprit paraisse d'une très grande stabilité. Il
> faut relâcher la corde juste au moment où il débute son attaque,
> cela le perturbera grandement.
> Ensuite, il y a des ennemis qui n'attaquent pas, mais là aussi
> on doit pouvoir décrocher la corde. Parfois ça ne fonctionne pas,
> l'ennemi n'attaque pas et le combat stagne (...). Dans ce cas, il
> faut vite prendre l'initiative (...). Si l'ennemi n'attaque pas, inutile
> de chercher à relâcher la corde [encore une fois], faites pression
> sur lui, prenez l'initiative et frappez. Vous ne devez pas rater cette
> opportunité.
> La corde d'un arc est toujours en tension. Lorsque l'on
> encoche la flèche et que l'on tire sur la corde, celle-ci est en
> tension. Même quand on lâche la flèche, la corde est toujours en
> tension. Mon esprit est comme la corde de l'arc : quand je fais
> face à mon ennemi, quand je relâche la corde et même après,
> mon esprit ne se relâche jamais. Votre esprit ne doit jamais se
> relâcher. » (IMAMURA Y., *Nihon budō taikei*, p. 110-111).

[22] De l'enseignement du petit peigne [133]

La fonction d'un petit peigne est de dénouer ce qui est emmêlé. J'ai dans mon esprit un peigne et je dénoue ce que mon ennemi est en train d'emmêler [I]. Nouer et dénouer sont choses semblables, mais dénouer dénote un esprit fort alors que nouer révèle la faiblesse d'esprit [II]. Il faut examiner cela minutieusement.

---

133. Cet article est absent du *Gorin no sho*.

一、小櫛のおしへの事

おぐしの心は、むすぼふるをとくと云ふ儀也。我心にくしを
持て、敵のむすぼふらかす処を、それぞれにしたがひ、とく
心也、むすぼふると、ひきはると、似たる事なれども、引は
るは強き心、むすぼふるは弱き心、能々吟味有べし。

(I). L'enseignement du « petit peigne » demeure sibyllin. Il
est difficile de dire avec certitude à quoi Musashi fait allusion ici.
Suisaiken donne heureusement quelques précisions :

> « Vous devez penser que les actions de l'ennemi sont
> comme une corde nouée et que votre esprit fonctionne
> comme un peigne. Il vous faut alors dénouer ce qui a été
> noué. Par contre, il arrive parfois que l'on ne puisse pas
> dénouer. On a beau essayer, rien n'y fait. Il faut en réalité
> choisir le bon moment, alors vous dénouerez tout facilement,
> d'un seul coup. Cela est très important.
> Lorsque j'attaque, mon ennemi est gêné par mon sabre ;
> il va alors le percuter, le repousser ou le bloquer. C'est cela
> qu'on appelle « nouer ». Je dénoue alors selon la situation.
> Vous devez réfléchir sur cette idée de nouer et tirer [avec
> un peigne]. » (IMAMURA Y., *Nihon budō taikei*, p. 111).

(II). Ni Musashi, ni Suisaiken n'expliquent ce passage, mais
comme d'après ce dernier « nouer » signifie agir sur le sabre de
l'adversaire lorsque l'on est gêné par celui-ci, cela sous-entend donc
que l'adversaire a le dessus dans cette phase de combat. Il nous force
à bouger et son esprit est à ce moment précis le plus fort.

[23] De la connaissance des différents rythmes [134]

Certains ennemis sont rapides alors que d'autres sont lents. Il faut donc s'adapter au rythme de son ennemi. Lors d'un duel, contre un ennemi calme, sans me déplacer ni le renseigner sur le départ de mon sabre, j'attaque promptement là où il y a une faille. Il s'agit donc d'un rythme unaire [I].

Contre un ennemi empressé, le corps et l'esprit en retrait, j'attaque après qu'il a bougé. C'est ce que j'appelle la passe de deux [II].

Ensuite, à propos de *munen musō* [III], vous indiquez par votre posture que vous vous apprêtez à frapper et vous devez laisser votre esprit et votre sabre en retrait. Frappez à partir du vide, avec force, dans le *ki* de l'ennemi. C'est cela *munen musō*.

Enfin, lorsque l'ennemi est sur le point d'attaquer avec son sabre ou de parer, commencez un mouvement lent et dans l'intervalle, le cœur au repos, frappez. C'est la cadence retardée [IV]. Cela nécessite beaucoup de pratique.

---

134. Le contenu de ce passage se retrouve divisé en quatre articles distincts dans le *Rouleau de l'eau* n° 11 à 14 (TOKITSU K., *Miyamoto Musashi*, p. 63-65).

一、拍子の間を知ると云事

拍子の間を知るは、敵により、はやきも在り、遅きもあり、敵にしたがふ拍子也。心おそき敵には、太刀あひに成と、我身を動かさず、太刀のおこりを知らせず、はやく空にあたる、是、一拍子也。
敵気のはやきには、我身と心を内、敵動きの迹を打事、是、二のこしと云也。
又無念無相と云は、身を打様になし、心と太刀は残し、敵の気のあひを空よりつよくうつ。是、無念無相也。
又おくれ拍子と云は、敵太刀にてはらんとし、請んとする時、いかにもおそく、中にてよどむ心にしてまを打事、おくれ拍子也。能々工夫あるべし。

(I). Le terme utilisé par Musashi est *hyōshi* (拍子), c'est à dire rythme ou cadence. Musashi nomme le premier rythme *itsuhyōshi*, ou « cadence de un » que nous avons donc traduit par « rythme unaire ».

(II). On pouvait s'attendre à ce que Musashi nomme cette cadence « rythme binaire », mais il utilise à la place de rythme le mot *koshi*, d'où le nom de cette cadence : *ni no koshi*. Un problème se pose ici, car Musashi écrit *koshi* en hiragana, c'est-à-dire en utilisant le syllabaire japonais qui ne renseigne que la prononciation et non le sens comme le font les caractères chinois. Il existe en japonais une bonne dizaine d'homonymes pour *koshi*, allant de « dos » ou « hanches » à « palanquin » en passant par « ruines » ou « pot de chambre »... Bien sûr, le contexte permet d'éliminer un certain nombre de ces homonymes, mais pas tous. Par exemple, William Scott Wilson utilise *koshi* (腰) dans sa traduction du *Gorin no sho*, c'est-à-dire « les hanches », alors que Uozumi Takashi donne pour *koshi* (越) que l'on peut traduire par « traverser » ou « dépasser ». On traduirait alors ce rythme par « cadence de double dépassement ». La version du *Enmei suisaiden bibōfu* donne également pour *koshi* (越), et nous avons donc choisi d'utiliser cette lecture plutôt que celle de William Scott Wilson. (WILSON W. S., *The book of five rings*, p. 90-91 ; UOZUMI T., *Teihon, Gorin no sho*, p. 109 ; IMAMURA Y., *Nihon budō taikei*, p. 111).

Suisaiken explique que cette cadence de *ni no koshi* est en relation avec l'initiative *tai no sen* (cf article n° 14 « Des trois initiatives »). Contre un ennemi rapide qui exécute des attaques soudaines, il conseille de bien juger l'intervalle (*ma*) et d'inciter l'adversaire à avancer. Il révèle aussi que la « plus sûre façon de gagner » est de faire mine de frapper ; l'ennemi va alors se sentir en danger (et bouger). Or, à ce moment précis, il faut surtout ne rien faire (ne pas lancer d'attaque). L'ennemi en devient d'autant plus confus et on en profite pour prendre l'ascendant (psychologique) sur lui et l'initiative, et ainsi exécuter une frappe puissante.

(III). Un état d'esprit que l'on compare souvent à *mushin* (無心) ou « esprit vide ». *Munen musō* (無念無想) peut se traduire littéralement par « sans pensées, sans intentions ».

Musashi souligne à plusieurs reprise dans le *Heihō sanjūgo kajō* l'importance d'avoir l'esprit serein ou vide (cf. par exemple l'article n° 9 « De l'état d'esprit »). Il utilise aussi parfois la phrase *kū yori utsu* (空より打つ) ou « frapper depuis le vide », c'est-à-dire faire jaillir sont sabre, « par réflexe » dirait-on, sans qu'il y ait eu d'intention dans notre esprit. Le corps ou les yeux (cf. article n° 7 « De la façon de regarder ») ne peuvent trahir une frappe « sans intention ni pensée » et l'adversaire ne peut donc pas l'anticiper.

Suisaiken ne détaille pas la frappe *munen musō* et se contente de paraphraser Musashi sur le sujet.

(IV). *Okure-byōshi* (おくれ拍子). Ce rythme « retardé » change de nom dans le *Gorin no sho* et devient la frappe *ryū-sui* (流水) c'est-à-dire la frappe de « l'eau courante ». Le contenu des deux articles diffère quelque peu, mais l'idée sous-jacente de commencer un mouvement lent et de l'achever par une frappe éclair reste la même (TOKITSU K., *Miyamoto Musashi*, p. 65).

Suisaiken ne s'étend que brièvement sur la cadence retardée :

« Faites par exemple mine d'attaquer par le haut. Lorsque l'ennemi bloque, changez soudainement et réalisez une coupe de côté. » (IMAMURA Y., *Nihon budō taikei*, p. 111).

Ici « coupe de côté » peut signifier « coupe horizontale » ou une attaque sur le flanc de l'adversaire.

100

[24] Etouffer dans l'œuf [135] [(I)]

Lorsque vous augurez que votre ennemi est sur le point de frapper, au moment où il pense « frapper », vous devez le contrôler, depuis le vide [136], alors qu'il en est encore qu'à « f ». Ce contrôle s'effectue avec l'esprit, le corps ou le sabre. Si pouvez déchiffrer ce signe, vous serez en mesure de frapper l'ennemi, d'avancer, de chasser sa lame ou de prendre l'initiative. Toutes ces alternatives sont possibles. Il est nécessaire de s'y entraîner.

---

135. Musashi reprend cet article dans le *Rouleau du feu* n° 4 « Maintenir sur l'appui-tête » (TOKITSU K., *Miyamoto Musashi*, p. 85).

136. Cf. commentaire n° III de l'article précédant.

一、枕のおさへと云事

枕のおさへとは、敵太刀打だ さんとする気ざしをうけ、うた
んとおもふうの字のかしらを、空よりおさゆる也。おさへやう、
心にてもおさへ、身にてもおさへ、太刀にてもおさゆる物也、
此気ざしを知れば、敵を打つに吉、入るに吉、はづすに吉、
先を懸るによし。いづれにも出合ふ心在り。鍛練肝要也。

(I). La traduction littérale du titre de cet article est : « appuyer sur le coussin ». L'idée sous-jacente est de contrer l'adversaire au tout début de son action, au moment où il formule dans son esprit l'idée de frapper, donc idéalement avant même qu'il ne bouge. Nous avons donc choisi de traduire ici *makura no osae* (枕のおさへ) par « étouffer dans l'œuf ».

Makura signifie « coussin » mais est aussi employé dans la poésie traditionnelle japonaise (on parle alors de *makura kotoba*, 枕詞) pour désigner un mot ou une périphrase (généralement de 5 pieds) qui se place en tête du poème.

Suisaiken préfère le terme *kashira* (頭) qui signifie « tête », à celui de *makura* (IMAMURA Y., *Nihon budō taikei*, p. 112).

Makura no osae et *kashira* se retrouvent, dans les arts martiaux modernes, sous le nom de *debana* ou *degashira*. L'idée reste la même : attaquer juste au moment où l'adversaire s'apprête à le faire.

[25] Connaître les conditions [du combat] [137]

Pour connaître les conditions [du combat], il faut percevoir ce qui nous entoure et jauger son ennemi. Est-il léger ou pesant, superficiel ou profond [(I)], fort ou faible ? Il faut avoir à l'esprit l'*itokane* [138] dans toutes les situations, car chaque situation est différente. Si vous connaissez les conditions du moment, que vous regardiez vers l'avant ou vers l'arrière, vous gagnerez [(II)]. Il faut examiner cela minutieusement.

---

137. Musashi développe cet article dans le *Rouleau du feu* n° 6 « Se rendre compte de la situation » (Tokitsu K., *Miyamoto Musashi*, p. 87).

138. Voir article n° 11 « De l'*itokane* ».

一、景気を知ると云事

景気を知ると云は、其場の景気、其敵の景気、浮沈・浅深・
強弱の景気、能々見知べき者也。いとかねと云は常々の儀、景
気は即座の事なり。時の景気に見請ては、前向てもかち、後
向てもかつ。能々吟味有べし。

(I). Il s'agit ici de la distance à laquelle l'adversaire combat.
Superficiel signifiant éloigné et profond voulant dire proche.

(II). Ce passage demeure obscur et difficile à interpréter. A première
vue, il s'agirait d'une référence au temps, donc au passé et au futur.
Mais, peut-être que Musashi parle simplement d'espace en faisant
référence à des ennemis situés devant et derrière.

Suisaiken ne s'attarde pas vraiment sur cet article ; il utilise à peu
près les mêmes mots. Il fait juste un court « écart » en disant que même
lorsque l'on se trouve dans une pièce sur des tatamis, il faut avoir un
corps (une posture) qui puisse changer à tout moment (IMAMURA Y.,
Nihon budō taikei, p. 112).

[26] Devenir l'ennemi [139]

Il se peut que je rencontre une personne devenue experte dans la voie [du sabre], un ennemi puissant ou une personne barricadée. Mais si je parviens à devenir mon ennemi, alors je peux percevoir ses contrariétés. Parfois, on n'a pas conscience que l'ennemi hésite. On le croit fort, mais il est faible. On voit en lui un expert, mais il n'en est rien. Il semble puissant, mais ne l'est pas. On pense qu'il a l'avantage, mais ne l'a pas. Devenez votre ennemi. Discernez cela avec minutie [(I)].

---

139. Cet article est repris dans le *Rouleau du feu* n° 9 « Devenir l'adversaire » (Tokitsu K., *Miyamoto Musashi*, p. 89).

一、敵に成ると云事

我身、敵にしておもふべし、或は一人取籠か、又は大敵か、其道達者なる者に会ふか、敵の心の難堪をおもひ取べし。敵の心の迷ふをば知らず、弱きをも強とおもひ、道不達者なる者も達者と見なし、小敵も大敵と見ゆる、敵は利なき利を取付る事在り。敵に成て能く分別すべき事也。

(I). Cet article ne recèle pas de difficultés particulières. Le *Enmei suisaiden bibōfu* ne fait d'ailleurs que l'effleurer en disant qu'en se mettant à la place de l'ennemi, on peut connaître ce qui le gêne et ce qui ne le gêne pas (IMAMURA Y., *Nihon budō taikei*, p. 112).

Dans le *Gorin no sho*, Musashi détaille un peu plus cet article. Il explique notamment que lorsqu'un voleur se barricade dans une maison, beaucoup de gens pensent que celui-ci est alors en position de force, mais il suffit de se mettre à sa place pour comprendre qu'il se sent avant tout acculé, seul contre tous. Le voleur est en réalité un faisan et celui qui s'avance pour le déloger, un aigle (TOKITSU K., *Miyamoto Musashi*, p. 89).

[27] Du *zanshin* et du *hōshin* [140]

Zanshin [I] et *hōshin* [II] varient selon la situation. Lorsque je prends mon sabre, je libère généralement ma volonté et retiens mon esprit [III]. Mais si je souhaite frapper avec certitude mon ennemi, je libère mon esprit et retiens ma volonté [IV]. Il existe plusieurs façons de concevoir *zanshin* et *hōshin*. Il faut examiner cela minutieusement.

---

140. Musashi n'explique pas ces concepts dans le *Gorin no sho*.

一、残心・放心の事

残心・放心は、事により時にしたがふ物也。我太刀を取て、
常は意のこゝろをはなち、心のこゝろをのこす物也。又敵を
慥に打時は、心のこゝろをはなち、意のこゝろを残す。残心・
放心の見立、色々在物也。能々吟味すべし。

(I). *Zanshin* est un mot que l'on retrouve souvent dans les arts
martiaux japonais. *Zan* (残) qui signifie « laisser, rester, garder » est
associé à *shin* (心), le cœur ou l'esprit. *Zanshin* peut se traduire par
« vigilance ». Vigilance pendant le combat, mais surtout vigilance
après avoir attaqué l'ennemi : celui-ci est-il bien hors d'état de
combattre ? Cet état d'esprit est toujours mis en valeur dans plusieurs
disciplines modernes où il est une des conditions nécessaires pour
marquer un point.

(II). *Hōshin,* quant à lui, est un terme que l'on rencontre moins
souvent. Il est constitué de *hō* (放) « laisser aller, relâcher, libérer »
et du même *shin* (心) que pour *zanshin*. Dans le *Japanese-English
Dictionnary of Kendo, hōshin* est défini de la façon suivante :

> « En général, avoir l'esprit ailleurs, préoccupé par
> d'autres problème. En kendo, c'est un état d'esprit dans
> lequel [le combattant] se libère des pensées tenaces et
> peut alors répondre à tout sans être distrait par quoi que se
> soit. » (ALL JAPAN KENDO FEDERATION, *Japanese-English
> Dictionary*, p. 39).

Bien que *zan* et *hō* puissent être considérés comme des antonymes,
Suisaiken avertit dans le *Enmei suisaiden bibōfu* que l'on ne doit pas
penser *hōshin* comme étant l'inverse de *zanshin* (IMAMURA Y., *Nihon
budō taikei*, p. 112).

(III). Voir l'article n° 9 « De l'état d'esprit ». La volonté, *i no kokoro*, est ici associée à *hō* (donc *hōshin*) et l'esprit, *shin no kokoro*, à *zan* (donc *zanshin*).

(IV). Musashi associe cette fois la volonté à *zan* (donc *zanshin*), et l'esprit à *hō* (donc *hōshin*). Il prend donc ici le contre-pied de la phrase précédente, sans donner malheureusement plus d'explications.

Suisaiken paraphrase Musashi sur ce passage, sans détailler non plus pourquoi il inverse *zanshin* et *hōshin* au moment de frapper « avec certitude ». Il ajoute toutefois qu'il faut prendre psychologiquement le dessus sur l'adversaire avant de libérer son esprit et de retenir sa volonté.

Miyamoto Musashi,『葡萄栗鼠図』(*Ecureuil sur une vigne*)
Encre sur papier, 127 x 47cm
(Collection privée)

110

[28] De cause à effet [141] (I)

Lorsque l'ennemi attaque et qu'il est suffisamment près, je peux avec mon sabre repousser, parer ou heurter le sien. Que vous pariez, repoussiez ou heurtiez, vous devez voir en cela une cause ayant pour effet de frapper l'ennemi avec votre sabre. Que je monte sur l'arme de l'adversaire (*noru*) [142], que je m'en écarte ou que je porte un coup d'estoc, si je le fais dans le but de frapper, alors mon corps, mon esprit et mon sabre seront toujours prêts [à frapper] (II). Il faut examiner cela minutieusement.

141. Musashi reprend cet article dans le *Rouleau de l'eau* n° 15 « Le coup au hasard de l'occasion » (TOKITSU K., *Miyamoto Musashi*, p. 65).

142. Cf. commentaires de l'article n° 17 « Des deux pas ».

一、縁のあたりと云事

縁のあたりと云は、敵太刀切懸るあひ近き時は、我太刀にて
はる事も在り、請る事も在り、あたる事も在り。請るも、は
るも、あたるも、敵を打つ太刀の縁とおもふべし。乗るも、
はづすも、つくも、皆うたんためなれば、我身も心も太刀も、
常に打たる心也。能々吟味すべし。

(I). Le *Heihō sanjūgo kajō* et le *Gorin no sho* ont tous deux un
article intitulé « *En no atari* ». La traduction de ce titre s'avère
difficile. *Ataru*, on l'a vu, veut dire heurter ou toucher par hasard (cf.
article n° 13 « Frapper et toucher »). *En* (縁), par contre, peut signifier
beaucoup de choses : une occasion, une opportunité, une connexion, le
destin, etc. William Scott Wilson donne dans sa traduction d'un article
similaire présent dans le *Gorin no sho* « *The Connection Hit* », c'est-
à-dire « Le coup en connexion ». Tokitsu Kenji propose « Le coup
au hasard de l'occasion ». Nous basant sur son contenu, nous avons
choisis de le traduire par « De cause à effet » (WILSON W. S., *The Book
of Five Rings*, p. 93 ; TOKITSU K., *Miyamoto Musashi*, p. 65).

(II). Le contenu de « *En no atari* » dans le *Heihō sanjūgo kajō* et
le *Gorin no sho* diffère quelque peu. Dans le *Gorin no sho*, Musashi
attaque, l'adversaire tente de contrer et Musashi en profite pour
toucher sa tête, sa main ou sa jambe selon l'opportunité. Dans le
Heihō sanjūgo kajō, l'idée est un peu différente. C'est l'adversaire
qui attaque et Musashi qui contre (repousse, pare ou heurte le sabre de
l'ennemi). Toutefois, Musashi ne contre pas à seule fin de se protéger,
il contre dans l'unique but de frapper. Il « connecte » la frappe au
contre. Autrement dit, le contre devient une cause ayant pour effet une
frappe victorieuse.

Cela nous fait penser à l'idée de *kōbō-itchi* (攻防一致) ou *kentai-*

itchi (懸待一致) que nous rencontrons en kendo. Une idée selon laquelle l'attaque et la défense doivent être combinée et ne former qu'un (ALL JAPAN KENDO FEDERATION, *Japanese-English Dictionary*, p. 53 et 58).

Suisaiken, dans le *Enmei suisaiden bibōfu*, reprend le discours de Musashi et conclut que quelle que soit l'action effectuée, elle doit toujours avoir pour effet, pour finalité, une frappe décisive. Il laisse par ailleurs une note assez mystérieuse :

> « Le vieux sage Sōen (宗円老) [il s'agit de Takemura Yoemon Harutoshi, fils adoptif de Musashi] ne heurte ni ne repousse ; il fait en sorte de gagner immédiatement. » (IMAMURA Y., *Nihon budō taikei*, p. 112).

Miyamoto Musashi, 『鵜図』(*Cormoran*)
Encre sur papier, 120 x 57cm
(Eisei-Bunko Museum)

[29] Coller l'ennemi [143] (I)

Il s'agit de coller son corps au plus près de celui de l'ennemi. Pieds, hanche, visage, il faut bien se plaquer afin qu'il n'y ait pas d'ouverture, comme on fixe des objets avec de la colle ou de la laque par exemple. S'il y a des endroits où le corps n'adhère pas, l'ennemi pourra utiliser un grand nombre de techniques (II). Le rythme pour se coller à l'ennemi est identique à celui décrit dans « Etouffer dans l'œuf » [144]. Il faut avoir l'esprit calme.

---

143. Musashi reprend cette idée dans le *Rouleau de l'eau* n° 21 « Le corps de laque et de colle » (TOKITSU K., *Miyamoto Musashi*, p. 69).

144. Cf. article n° 24.

一、しつかうのつきと云事

しつかうのつきとは、敵のみぎはへよりての事也。足・腰・
顔迄も、透なく能つきて、漆膠にて、物を付るにたとへたり。
見につかぬ所あれば、敵色々わざをする事在り。敵に付く拍子、
枕のおさへにして、静成る心なるべし。

(I). La traduction littérale du titre donne « l'adhérence de la laque
et de la colle ». Ce passage constitue en quelque sorte l'introduction
d'une série d'articles consacrés au corps-à-corps (articles n° 29 à
32). Musashi y traite de l'utilisation du corps au contact de l'ennemi,
après avoir franchi le « point critique ». Il existe en japonais un terme
particulier pour signifier « entrer dans la garde de l'adversaire » et se
coller au corps-à-corps : *irimi*. *Irimi* est constitué de deux caractères,
iri (入) « entrer », et *mi* (身) « corps ».

Dans cet article, Musashi explique comment, dans le duel au
corps-à-corps, passer du combat au sabre au combat à main nue. Dans
les trois suivants, il détaille les possibilités offertes une fois collé à
l'adversaire.

(II). Sous-entendu ici, des clefs de bras ou des projections. Suisaiken
dit à ce propos qu'il n'est pas bon d'avoir les mains éloignées du corps
ni d'avoir le corps penché vers l'arrière. Il suit en cela Musashi qui
met en garde contre ces deux erreurs dans l'article suivant « Du corps
du singe en automne » (IMAMURA Y., *Nihon budō taikei*, p. 112).

116

[30] Du corps du singe en automne [145] (I)

Lorsque vous vous collez à l'ennemi, vous ne devez penser ni à votre main droite, ni à votre main gauche, et la pire des choses serait d'avoir le corps en arrière et de lancer les mains vers l'avant. Quand on envoie les mains en avant, le corps a tendance à partir vers l'arrière (II). Si l'avant-bras gauche est utile (III), les mains, elles, ne le sont pas. Le rythme pour se coller à l'ennemi est identique à celui décrit dans l'article précédent.

---

145. On retrouve cet article dans le *Rouleau de l'eau* n° 20 « Le corps du singe d'automne » (TOKITSU K., *Miyamoto Musashi*, p. 67).

一、しうこうの身と云事

しうこうの身、敵に付く時、左右の手なき心にして、敵の身
に付べし、悪敷すれば、身はのき、手は出す物也。手を出せば、
身はのく者也。若左の肩かひな迄は、役に立べし、手先にあ
るべからず、敵に付く拍子は、前におなじ。

(I). C'est la traduction littérale du titre de l'article. Musashi utilise
cette image pour expliquer le placement des bras : on dit que le singe
en automne garde ses membres antérieurs près du corps pour mieux se
prémunir des premiers froids après l'été.

(II). Cela créer donc un espace, un « endroit où le corps n'adhère
pas », ce qui d'après Musashi permet à l'ennemi « d'utiliser un grand
nombre de techniques » (voir article précédant).

Dans le *Enmei suisaiden bibōfu*, Suisaiken dit qu'il faut s'imaginer
en singe sans bras, et se coller à l'ennemi avec le corps (IMAMURA Y.,
Nihon budō taikei, p. 112-113).

(III). Nous avons traduit ici par « avant-bras », mais le texte original
stipule « de l'épaule jusqu'au coude ».

Suisaiken explique qu'au moment de se coller à l'ennemi, il faut le
heurter au niveau de la poitrine avec l'avant-bras gauche (là encore,
« de l'épaule jusqu'au coude ») et ce aussi fort que possible afin de lui
faire « tourner les yeux » (le sonner). C'est d'ailleurs ce que préconise
Musashi dans l'article n° 32 « De l'enseignement de la porte ». Par
contre, Suisaiken dit que si l'ennemi est déjà très proche de vous, il
vaut mieux rentrer à bras-le-corps avec légèreté.

[31] Comparer la taille [146]

Lorsque je me colle à l'ennemi, je fais comme si je comparais ma taille avec la sienne. Je me grandis et je garde à l'esprit que je suis plus grand que lui. Le rythme pour se coller à l'ennemi reste le même que précédemment. Il faut examiner cela minutieusement [(I)].

---

146. Cet article se trouve également dans le *Rouleau de l'eau* n° 22 « La comparaison de taille » (Tokitsu K., *Miyamoto Musashi*, p. 69).

一、たけくらべと云事

たけをくらぶると云事、敵のみぎはに付時、敵とたけをくら
ぶる様にして、我身をのばして、敵のたけよりは、我たけ高
く成る心、身ぎはへ付拍子は、何も同意也。能々吟味すべし。

(I). Cet article ne présente pas de difficultés particulières. Suisaiken
ne fait d'ailleurs que le paraphraser, mais ajoute en conclusion que
« comparer la taille » permet de prendre l'initiative (IMAMURA Y.,
Nihon budō taikei, p. 113).

120

[32] De l'enseignement de la porte [147]

Lorsque je me colle au corps de l'ennemi, je me donne immédiatement de l'envergure afin de rendre son sabre ainsi que son corps totalement inutilisables et je fais en sorte qu'il n'y ait pas de faille dans l'intervalle qui nous sépare. Ensuite, lorsque mon corps est dirigé de côté, je me fait le plus mince et le plus droit possible au plus vite et je frappe avec force la poitrine de mon ennemi avec mon épaule. L'ennemi est alors renversé. Cela demande de la pratique [I].

---

147. Un article avec un titre différent reprend ce thème dans le *Gorin no sho*. Il se trouve dans le *Rouleau de l'eau* n° 24 « Heurter l'adversaire » (TOKITSU K., *Miyamoto Musashi*, p. 69).

一、扉のおしへと云事

とぼその身と云は、敵の身に付く時、我身のはゞを広くすぐ
にして、敵の太刀も身も、たちかくすやうに成て、敵と我身
の間の透のなき様に付くべし。又身をそばめる時は、いかに
もうすく、すぐに成て、敵の胸へ我肩をつよくあつべし。敵
を突たをす身也、工夫有べし。

(I). Cet article termine la série sur le corps-à-corps. Comme le
précédant, il ne présente pas de difficultés particulières. Suisaiken
n'en fait qu'un très court résumé et ne s'y attarde pas (IMAMURA Y.,
Nihon budō taikei, p. 113).

[33] De l'enseignement du général et du soldat [148]

Une fois que l'on a assimilé la stratégie (*heihō*), on voit son ennemi comme un soldat dont on fait de soi le général : on ne lui laisse pas la moindre liberté. Qu'il puisse utiliser son sabre ou qu'il ne le puisse pas, qu'il reste immobilisé, tout cela est dicté par notre esprit. Il ne faut pas permettre pas à son ennemi de chercher des solutions. Il est nécessaire de s'y entraîner [I].

---

148. Musashi évoque cette idée dans le *Rouleau du feu* n° 26 « Le général connaît ses soldats » (TOKITSU K., *Miyamoto Musashi*, p. 101).

一、将卒のおしへの事

将卒と云は、兵法の利を身に請ては、敵を卒に見なし、我身
将に成て、敵にすこしも自由をさせず、太刀をふらせんも、
すくませんも、皆我心の下知につけて、敵の心にたくみをさ
せざる様にあるべし。此事肝要なり。

124

[34] De la garde sans garde [149]

Au moment où vous vous mettez en garde, quelle que soit cette garde, si vous avez à l'esprit que vous prenez une garde alors votre sabre et votre corps resteront figés [I]. Quels que soient l'endroit, le contexte ou la position de votre sabre, vous ne devez pas penser que vous adoptez une garde. Votre sabre doit s'adapter efficacement à votre ennemi, ainsi vos gardes haute, moyenne et basse auront chacune trois couleurs [II]. Il en sera de même pour les gardes latérales gauche et droite. Si vous suivez ce principe, vous n'aurez plus à penser à la garde. Il faut examiner cela minutieusement.

149. Musashi développe cet article dans le *Rouleau de l'eau* n° 10 « L'enseignement de la garde sans garde » (TOKITSU K., *Miyamoto Musashi*, p. 63).

一、うかうむかうと云事

有構無構と云は、太刀を取身の間に有事、いづれもかまへなれども、かまゆるこゝろ有によりて、太刀も身も居付者なり。所により、ことにしたがひ、いづれに太刀は有とも、かまゆると思心なく、敵に相応の太刀なれば、上段のうちにも三色あり、中段にも下段にも三ツの心有り。左右の脇までも同事なり、爰をもつてみれば、かまへなき心也。能々吟味有べし

(I). Beaucoup d'écoles anciennes enseignent des gardes où la position relative du sabre par rapport au corps est, d'une certaine manière, figée : la pointe placée à telle hauteur, visant telle partie du corps de l'adversaire, la lame avec tel angle, etc. Pour Musashi, cette façon d'opter pour une garde prédéfinie ne convient pas car celle-ci interdirait l'adaptation naturelle aux conditions du combat.

De nos jours, en kendo, on ne retient que cinq gardes : une garde moyenne *chūdan* (中段), une garde haute *jōdan* (上段), une garde basse *gedan* (下段), une garde de côté ou latérale *waki* (脇) et une garde intermédiaire à *jōdan* et *chūdan* : *hassō* (八相). Le pratiquant qui n'adopte aucune de ces gardes, mais qui est néanmoins capable de réagir immédiatement à toute menace est considéré comme étant en *mu-gamae* (無構).

(II). Musashi n'explique pas ce concept des trois couleurs, ni dans le *Heihō sanjūgo kajō* ni dans le *Gorin no sho*. Seul Suisaiken développe cette idée :

> « Dans la garde haute se trouvent trois couleurs. Dans la garde moyenne et dans la garde basse se trouvent aussi trois couleurs, mais il ne s'agit pas d'une subdivision haute-moyenne-basse de chaque garde ! Quelle que soit la garde que vous adoptiez, si votre esprit est fort, alors je nomme cette garde "garde haute". Si vous êtes indécis, alors je nomme cette garde « garde moyenne ». Enfin, si vous avez peur de votre adversaire, alors je nommerai votre garde "garde basse". » (IMAMURA Y., *Nihon budō taikei*, p. 113).

[35] Du corps tel un roc [150] (I)

Lorsque vous aurez achevé ce que j'appelle le corps d'un roc, votre esprit sera fort, large et inamovible. Vous incarnerez alors les principes dans leur vaste intégralité (II) et plus rien n'aura d'influence sur vous. Tous les êtres vivants vous éviteront. Même les plantes, pourtant dénuées d'esprit, ne pourront s'y enraciner. La pluie qui tombe et le vent qui souffle vous éviteront tout autant. Il faut examiner minutieusement cette idée du corps tel un roc (III).

---

150. Musashi évoque succinctement cet aspect dans le *Rouleau du feu* n° 28 « Le corps d'un roc » (TOKITSU K., *Miyamoto Musashi*, p. 101).

一、いわをの身と云事

岩尾の身と云は、うごく事なくして、つよく大なる心なり。
身におのづから万理を得て、つきせぬ処なれば、生有者は、
皆よくる心有也。無心の草木迄も、根ざしがたし。ふる雨、
吹風もおなじこゝろなれば、此身能々吟味あるべし。

(I). *Iwao no mi* (岩尾の身) signifie littéralement le « corps de la
queue du roc ». La « queue du roc » désigne en fait la partie visible
d'un rocher, celle qui sort de terre.

(II). Musashi ne détaille pas ici à quels principes il fait allusion,
mais l'on peut imaginer qu'il s'agit des principes de la stratégie ou
du combat au sabre (*heihō*). La version de cet article dans le *Gorin no
sho* donne d'ailleurs : « Une fois que vous aurez maîtrisé la voie de la
stratégie (*heihō*), vous serez tel un roc, inamovible et inattaquable. »

(III). Suisaiken propose un long commentaire pour cet article :

> « Imaginez un énorme rocher à nu, sur une pente de
> montagne. Le rocher, qu'il [se décroche et] tombe ou qu'il
> ne tombe pas, n'a pas de volonté. Un passant aperçoit alors
> ce rocher. Il pense alors que celui-ci risque de tomber et il se
> sent mal à l'aise.
> Faites de votre corps ce rocher et votre ennemi deviendra
> ce passant apeuré ! Avoir le corps tel un roc, c'est faire face
> à l'ennemi en adoptant une posture large et radieuse tout en
> ayant l'esprit offensif et prendre l'initiative.
> Si vous maîtrisez tous les principes, on préférera vous
> éviter. Le rocher n'a pas de volonté. Si quelque chose le
> heurte, il reste solide. En réalité, ce sont ceux qui le heurtent

qui finissent [éjectés] sur les côtés. Faites de votre corps ce rocher et vos ennemis vous éviteront. Le rocher n'a pas d'émotions, mais lorsque les hommes pensent au rocher, ils le dotent d'émotions. Pourtant, le rocher ne possède ni volonté ni émotions.

Avoir le corps tel un roc, c'est aussi ce que l'on appelle "ouvrir la porte". Avec un corps fort et un esprit vaste et radieux, il est possible d'ouvrir la porte. » (IMAMURA Y., *Nihon budō taikei*, p. 113-114).

Suisaiken n'explique pas ce qu'il entend par « ouvrir la porte ». Peut-être fait-il référence à un niveau supérieur de l'esprit ou de la stratégie, mais rien ne nous permet d'interpréter objectivement ce dernier paragraphe.

Miyamoto Musashi, 『周茂叔図』 (*Shū Moshuku*)
Encre sur papier, 95 x 42cm
(The Okayama Prefectural Museum of Art)

130

[36] Discerner les opportunités [151] (I)

Il faut pouvoir discerner toutes les opportunités, quelles soient précoces ou tardives, et savoir quand il est possible, ou non, de fuir. L'enseignement ultime de mon école est le *jikitsū* (II). Les aspects de cet enseignement ne se transmettent que de bouche à oreille.

---

151. Cet article n'est pas présent dans le *Gorin no sho*.

一、期をしる事

期をしると云事は、早き期を知り、遅き期を知り、のがるゝ
期を知り、のがれざる期を知る。一流に直通と云極意あり。
此事品々口伝なり。

(I). Il est intéressant de noter que Suisaiken ne commente pas
cet article, mais se contente d'en noter le titre. Nous ne savons pas
pourquoi il fait l'impasse sur « Discerner les opportunités » alors qu'il
s'est appliqué à commenter méthodiquement tous les articles du *Heihō
sanjūgo kajō* (IMAMURA Y., *Nihon budō taikei*, p. 114).

(II). Traduire le mot *jikitsū* n'est pas chose facile. Il se compose de
deux caractères : *jiki* (直) qui se prononce aussi *choku* et qui signifie
« direct », « immédiat » ou « droit » et *tsū* (通) qui peut vouloir
dire « rue », « communiquer » ou « passer au travers ». En japonais
moderne, on le prononce plutôt *chokutsū* et on l'utilise, par exemple,
pour qualifier un train direct entre deux villes ou deux régions.

Musashi n'explique pas ce terme tant dans le *Heihō sanjūgo kajō*
que dans le *Gorin no sho,* parce qu'il considère que « les aspects de cet
enseignement ne se transmettent que de bouche à oreille » (TOKITSU
K., *Miyamoto Musashi*, p. 75).

S'il n'en pare pas dans le *Heihō kakitsuke*, dans le *Heidōkyō*, rédigé
36 ans avant l'achèvement du *Heihō sanjūgo kajō*, nous trouvons un
article intitulé, « *Jikitsū no kurai* » qui aborde le sujet de façon plus
explicite :

« Le *jikitsū* est l'âme du *heihō*. Tout ce que j'ai
enseigné jusqu'alors [sur le combat au sabre] forme un
tout indissociable, comme le corps humain. Il n'est pas
utile d'y rajouter quoi que ce soit et l'on ne devrait rien y
soustraire. Bien entendu, vous n'aurez pas besoin de tout[es
les techniques] tout le temps, mais il est important de tout

connaître. Ce que j'ai construit [mon corpus de techniques] doit être pensé comme les yeux, les oreilles, le nez, la langue, les mains, les pieds, etc. ; s'il en manque un, on est handicapé.

Cependant, même si après un long entraînement vous semblez capable d'utiliser librement toutes ces techniques d'escrime, si vous ne possédez pas l'esprit du *jikitsū*, [vos techniques ne seront pas certaines]. Elles seront comme celles d'un homme fou ou d'un homme ivre.

Quelle que soit la technique de sabre que vous adoptez, prenez l'initiative et percevez le point faible de l'ennemi. A ce moment là, il faut discerner la manière appropriée et les façons inappropriées de faire pression sur l'ennemi et bien évaluer l'intervalle (間, *ma*). Lorsque l'endroit à attaquer se révèle à votre esprit, jetez vos peurs et frappez sans faute ce point de toutes vos forces, même si vous ratez et touchez le sol, sans jamais dévier de la trajectoire (...). Le même principe s'applique lorsque vous vous collez à l'ennemi. Déplacez-vous avec légèreté, contrôlez au plus vite ses mains et collez-vous au plus près de lui.

Si votre technique n'est pas empreinte de l'esprit du *jikitsū*, votre sabre sera considéré comme étant "mort". Il faut considérer cela avec attention. » (Uozumi T., *Miyamoto Musashi, Nihon-jin no michi*, p. 287-288).

La définition que donne Musashi du *jikitsū* dans le *Heidōkyō* est donc plus claire : une fois la cible décidée, attaquer directement ce point sans jamais dévier.

La fin de ce passage fait écho aux articles 29 à 32 du *Heihō sanjūgo kajō* sur la façon de rentrer dans la garde et de se coller à l'ennemi et à l'article n° 4 « De la tenue du sabre ».

Il faut cependant concéder ici qu'il n'est pas possible d'affirmer avec certitude que la définition que donne Musashi du *jikitsū* dans le *Heidōkyō* soit encore valide au moment de la rédaction du *Heihō sanjūgo kajō*. Sa façon d'envisager ce principe a pu totalement changer entre temps.

Suisaiken consacre une note sur le *jikidō*. Nous pensons qu'il s'agit ici en réalité du *jikitsū* : les caractères *tsū* (通) et *dō* (道) écrits en style cursif se ressemblent beaucoup et il n'est pas exclu que le passage de *tsū* à *dō* soit le fait d'une erreur de copie. Cette note sur le *jikidō* reste cependant vague et n'apporte au final que peu d'éclaircissements :

> « Maître Sōen a dit : "Faites ce que vous avez à faire au bon moment ; ne tentez rien si vous ne pouvez pas entrer." (...)
> Hatta Enryū [八田氏円流] disait : "Celui qui possède le *jikidō* au moment de frapper est invincible sur cette terre." » (IMAMURA Y., *Nihon budō taikei*, p. 114).

[37] Tous les principes retournent au vide [152] (I)

Exprimer ceci par écrit est impossible. Je vous engage donc à en trouver la signification par vous-même (II).

---

152. Il y a pas d'article portant ce titre dans le *Gorin no sho*.

一、万理一空の事

万理一空の所、書あらはしがたく候へば、おのづから御工夫
なさるべきものなり。

(I). Le titre du dernier article du *Heihō sanjūgo kajō* est très difficile
à traduire en français. *Banri ikkū* (万理一空) signifie littéralement « dix
mille principes, un ciel », mais il est cependant possible de remplacer
« ciel » par « vide », et de lire alors « dix mille principes fusionnent
dans le vide ».

(II). Musashi utilise *banri ikkū* uniquement dans le *Heihō
sanjūgo kajō*. S'il consacre le dernier rouleau du *Gorin no sho*
au vide, cette formule n'y figure pas. Nous pensions la retrouver
dans les enseignements bouddhistes, mais notre recherche s'est
avérée infructueuse. Il n'est fait nulle mention de *banri ikkū* dans
le *Dictionary of Japanese Buddhist Terms* d'Inagaki Hisao, dans les
différents dictionnaires sur le bouddhisme compilés par Nakamura
Hajime ou dans l'encyclopédie Mochizuki en 10 volumes sur le
bouddhisme (pour les références complètes, cf. bibliographie). Nous
ne savons donc pas si Musashi emprunte cette idée à un enseignement
bouddhique particulier où s'il l'a lui-même inventée. Une étude de
Hyunyong Kim et Yanoshita Michiko indique que le *banri ikkū* de
Musashi proviendrait des enseignements de la secte Kegon sur le
« vide ». Toutefois, leur démonstration est assez peu argumentée
et les sources citées ne nous ont pas paru satisfaisantes (HYUNYONG
Kim, YANOSHITA Michiko, « On the Theory of 'Jiriittchi' found in the
Martial Arts, Focusing on the Kegonshu Thought », in *Hiroshima
bunka gakuen tanki daigaku kiyō,* vol. 47, 2014, p. 39-46).
Pour finir, il est intéressant de noter que Suisaiken ne mentionne
pas cet article dans son *Enmei suisaiden bibōfu.*

[38] [Post-scriptum]

Dans les trente-cinq articles [1] que vous venez d'examiner, j'ai pratiquement tout écrit sur les principaux aspects du combat au sabre (*heihō*) et sur l'état d'esprit. Il se peut que certaines choses aient été omises, mais il s'agirait alors de points que je vous ai expliqués par le passé. Ainsi, les techniques que je vous enseigne directement n'y sont pas notées. Pour finir, s'il devait y avoir des passages difficiles à comprendre, je me ferai le devoir de vous les expliquer verbalement.

Un jour faste du second mois de l'an 18 de l'ère Kan'ei [mars-avril 1641]

Shinmen Musashi Genshin

右三十五箇条は、兵法之見立、心持に至るまで、大概書記申候。
若端々申残す処も、皆前に似たる事どもなり。又一流に一身
仕得候太刀筋のしなじな口伝等は、書付におよばず。猶御不
審之処は、口上にて申あぐべき也。

寛永十八年二月吉日

新免武蔵玄信

(I). La traduction littérale de ce passage donne « les 35 articles à droite ». Les rouleaux japonais se lisant de droite à gauche, ce qui précède le post-scriptum se trouve donc à droite.

Nous l'avons déjà évoqué dans l'introduction : le traité de Musashi comporte en réalité trente-six articles auxquels s'ajoutent la préface et la postface. Certaines éditions japonaises, mais également certaines traductions, intègrent le dernier article « Tous les principes retournent au vide » au précédant « Discerner les opportunités » pour arriver au bon compte. Mais dans l'édition de 1909 ou bien encore dans la version manuscrite de Yamaoka Tesshū on décompte bien trente-six articles.

Heihō sanjūkyū kajō

Trente-neuf articles sur la stratégie

Introduction

Le *Heihō sanjūkyū kajō* ou « Trente-neuf articles sur la stratégie » est une version « augmentée » du *Heihō sanjūgo kajō*, transmise par Terao Kumenosuke, disciple de Miyamoto Musashi. On recense quatre copies, intitulées différemment, mais dont le contenu reste globalement identique ; des changements mineurs apparaissant principalement dans le post-scriptum. Par rapport au *Heihō sanjūgo kajō*, il manque l'article 15 « Franchir le point critique », mais il y a quatre articles supplémentaires, ainsi qu'un nouveau post-scriptum :

- « Des cinq directions de la garde »
- « De l'adhérence »
- « Du lieu du combat »
- « Affronter plusieurs ennemis »
- Post-scriptum

De ces quatre nouveaux articles, deux sont directement tirés du *Gorin no sho*. Un troisième s'y trouve également mais son contenu est beaucoup plus détaillé que dans le *Heihō sanjūkyū kajō*. Le dernier article provient du *Heihō kakitsuke.*

Ce quatrième article « Des cinq directions de la garde » se divise quant à lui en cinq parties décrivant chacune une garde (voir tableau page suivante). Il pose d'immenses problèmes car il est truffé d'incohérences.

Dans le *Heihō kakitsuke* (1638), Musahi détaille les mêmes gardes. Toutefois, le nom de la première diffère : *enkyoku* devient *katsu-totsu kissaki-gaeshi*. Bien que le contenu des deux articles la détaillant n'est pas le même, ils décrivent tous deux une garde moyenne, les deux sabres tenus en « V » vers l'avant. Il est intéressant de noter que la description du *Heihō sanjūkyū kajō* se rapproche de celle présentée dans le *Gorin no sho*, à l'article « La

	Heihō sanjūkyū kajō	Heihō kakitsuke
1.	*Katsu-totsu kissaki-gaeshi* ; garde moyenne 喝咄切先返　中段	*Enkyoku* ; garde moyenne 円曲
2.	*Gidan* ; garde haute 儀談　上段	*Gidan* ; garde haute 義断
3.	*Uchoku* ; garde latérale droite 右直　右脇	*Shigeki* ; garde basse 鷙撃
4.	*Shigeki* ; garde latérale gauche 重気　左脇	*Uchoku* ; garde latérale gauche 迂直
5.	*Suikei* ; garde basse 水形　下段	*Suikei* ; garde latérale droite 水形

Gardes décrites dans le *Heihō sanjūkyū kajō* et le *Heihō kakitsuke*

série des cinq formules techniques, Première formule technique »
(TOKITSU K, *Miyamoto Musashi*, p. 59 et 61).

La lecture de ces trois textes nous laisse penser que Terao
Kumenosuke s'est inspiré du Gorin no sho pour rédiger la
description de *Katsu-totsu kissaki-gaeshi* dans le *Heihō sanjūkyū
kajō* (cf. tableau).

Concernant les gardes 2 à 5, si leur prononciation est la
même dans nos deux textes, les caractères utilisés sont en réalité
différents. Ce n'est pas le seul problème. Dans le *Heihō sanjūkyū
kajō,* chaque garde est complétée par sa hauteur : basse, moyenne,
haute ou latérales. Or, la description du *Heihō kakitsuke* nous
permet de découvrir de manière implicite un niveau de garde
différent [153]. Nous remarquons donc une discordance technique
dans le contenu de ces deux textes (cf. tableau).

Les titres mis à part, ainsi qu'un *kanji* dans l'article relatif à
uchoku, la rédaction des descriptions des gardes 2 à 5 est identique
à celle du *Heihō kakitsuke*. Elle est donc attribuable à Musashi. De
plus, on note que dans le *Gorin no sho*, Musashi donne ces cinq
gardes dans un ordre similaire à celui du *Heihō kakitsuke*, c'est-
à-dire moyenne, haute, basse, latérale gauche et enfin latérale
droite. Nous ne savons pas expliquer la présence de toutes ces
discordances dans le *Heihō sanjūkyū kajō*. Rappelons que la
paternité de ce dernier texte n'a pas été formellement établie.
Cependant, toutes ces modifications laissent à penser qu'elles sont
l'œuvre de Terao Kumenosuke.

Un problème se pose alors : faut-il traduire et commenter ces
gardes en se basant sur les textes originaux de Musashi, ou sur
la compilation que représente le *Heihō sanjūkyū kajō* ? Désirant
rester fidèle à la pensée de Musashi, nous avons décidé de
privilégier les informations techniques présentes dans le *Heihō
kakitsuke*. L'apparat critique permettra néanmoins aux lecteurs de

153. UOZUMI T., *Teihon, Gorin no sho*, p. 204-220 ; et UOZUMI T.,
Miyamoto Musashi, Nihonjin no michi, p. 320-324.

prendre connaissance des variations du *Heihō sanjūkyū kajō*.

Pour finir, notons que les articles supplémentaires du *Heihō sanjūkyū kajō* s'insèrent çà et là dans le *Heihō sanjūgo kajō*. Pour des raisons pratiques, nous avons choisi de les rassembler en fin de traduction (cf. annexe 2).

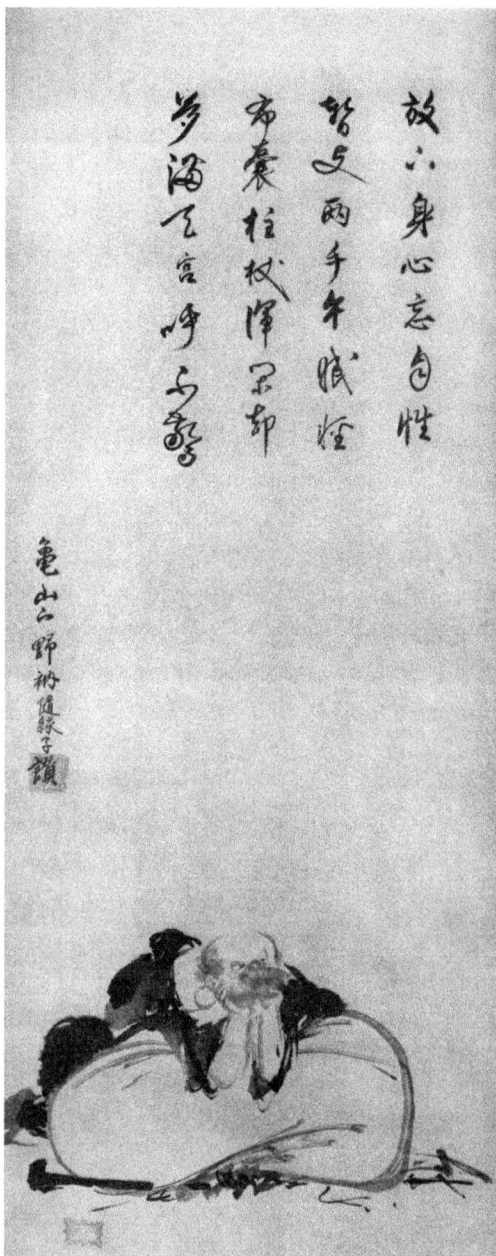

Miyamoto Musashi,『午眠布袋図』(*Hotei se repose*)
Encre sur papier, 117 x 38cm
(The Japanese Sword Museum)

[39-1] Des cinq directions de la garde [154]
[a] *Katsu-totsu kissaki-gaeshi*, garde moyenne [I]

Retourner la pointe (*kissaki-gaeshi*). Quand votre ennemi est loin, prenez vos sabres [II] et avancez vers lui, le corps bien droit, en prenant soin de rester hors de portée. Vos deux mains sont en avant et portent les deux sabres ni à l'horizontale ni trop relevés et sur deux plans différents. Les deux sabres sont en garde moyenne (*chūdan*), maintenus obliques comme s'ils allaient se croiser [III]. L'espace ainsi créé entre la poitrine et les mains doit être large, sans toutefois tendre les bras vers l'avant, mais sans plier les coudes non plus, ni dépasser [IV]. Dans cette garde, la pointe du sabre droit est légèrement plus relevée [que celle du sabre gauche] et dirigée vers la ligne centrale de l'ennemi. Votre volonté est légère mais vous retenez votre esprit [V]. Lorsque vous sentez l'ennemi sur le point d'attaquer, estoquez au niveau du visage en évitant de toucher son sabre ; cela lui fera perdre ses moyens et l'obligera à attaquer. Retournez alors la pointe de votre sabre (*kissaki wo kaeshite*) et frappez sa main de haut en bas. Une fois la frappe terminée, laissez votre sabre là où il s'est arrêté, comme si vous l'abandonniez et quand l'ennemi attaque à nouveau, frappez sa main de bas en haut cette fois, au tiers de son mouvement, sans bouger le corps [VI].

En règle générale, il faut sentir l'instant où l'ennemi formule dans son esprit l'idée d'attaquer et prendre l'initiative *sen sen no sen* [VII]. Cette technique est fréquemment utilisée. Il faut bien discerner cela.

---

154. *Gohō no kamae no shidai*. Cet article s'insère entre les articles n° 7 « De la façon de regarder » et n° 8 « De la connaissance de l'intervalle » du *Heihō sanjūgo kajō*.

五方の構の次第
一、喝咄切先返　中段

切先返。敵合遠き時は、ひつさげ、敵の刀とゞかぬ程により、
身を真向に直に立て、左右の手、前に出し、太刀大小の刃を
余りたてず、ひらめず、少しすじかえて、ふところを広く、
少し大小を組みたる様に中段にもつ時、余りつき出さず、ひ
ぢをかゞめず、越さず^(IV)、右の太刀先少し上る心にて、敵の
中筋に有ように構え、心ざしの心を軽く、心の心を残し、敵
打出す心を請け、敵の打太刀にあたらざる如く、向の顔に突
かけ、敵に巧みを失わせ、是非もなく打つ処を、切先を返し
て、上より手を打つ也。其の太刀前に捨てたる如くひつさげて、
我身を動かさず、敵又打ちかくる処を、三分一にて下より手
を張るものなり。
惣別、敵が打つ也と思う心の頭に我が心を付けて、先々の先
になるものなり。此の太刀何れも出合う也。能々分別すべし。

(I). Le titre de cet article est assez difficile à traduire. En premier
lieu, l'expression *katsu-totsu* (喝咄) n'a pas vraiment de sens en
japonais. Pris un par un, les caractères signifient : « cri » pour *katsu*
et « parole » ou « conversation » pour *totsu*. *Kissaki-gaeshi* signifie
« retourner la pointe du sabre », avec *kissaki* (切先) la pointe du
sabre et *kaeshi* (返) « retourner ». L'article n'explique pas le sens de
katsu-totsu, mais Musashi détaille sa pensée dans le *Rouleau de l'eau*
n° 28 « Kâtsu-tôtsu ». Il faut comprendre *katsu-totsu* comme étant
une onomatopée mnémotechnique servant à rythmer la cadence des
frappes (TOKITSU K., *Miyamoto Musashi*, p. 71).

(II). Les cinq gardes décrites cet article font référence au combat
à deux sabres (*nitō*). Si en kendo, mais aussi dans d'autres écoles de
sabre, le pratiquant peut choisir de porter le sabre long dans n'importe
laquelle des deux mains, ce n'est pas le cas ici. La description des
gardes dans cet article présuppose que l'on tient le sabre long dans la
main droite et le sabre court dans la main gauche.

148

(III). Nous utilisons la photographie ci-contre (et les quatre suivantes) avec l'aimable autorisation du professeur Uozumi Takashi. Un des maîtres de la tradition Niten Ichi-ryū, Yonehara Kameo, démontre les cinq gardes telles qu'elles sont encore enseignées de nos jours. Ici, la garde « moyenne » décrite dans le présent article (Uozumi T., *Teihon, Gorin no sho*, p. 211).

(IV). La fin de ce passage n'est pas claire. Le « ne pas dépasser » demeure ambigu : sont-ce les bras ou les coudes qui ne doivent pas dépasser, et si oui, quoi ? Sont-ce les pointes des sabres qui ne doivent pas se dépasser l'une l'autre ?

(V). Voir les articles n° 9 « De l'état d'esprit » et n° 27 « Du *zanshin* et du *hōshin* ». A noter également que dans le *Heihō sanjūgo kajō*, Musashi utilise le couple *i no kokoro* et *shin no kokoro*, alors qu'ici il est question de *kokorozashi no kokoro* et *shin no kokoro*.

(VI). L'article « Kâtsu-tôtsu » du *Gorin no sho* enseigne que le rythme de *katsu-totsu* doit être rapide ; *katsu* étant le moment où on lève le sabre tout en esquissant un estoc et *totsu* lorsqu'on l'abat pour pourfendre son adversaire.

Suisaiken conseille de bloquer la première attaque de l'ennemi avec le sabre court et de gagner avec le long. Il précise en outre quelques points :

« - Il faut avoir à l'esprit que *katsu-totsu* et *totsu-katsu* ne font qu'un.
- Au moment de la première frappe, il est important de ne

pas descendre plus bas que la tête de l'ennemi.

- Katsu-totsu fait partie intégrante des cinq gardes. »
(IMAMURA Y., *Nihon budō taikei*, p. 103-104).

(VII). Se reporter à l'article n° 14 « Des trois initiatives ».

150

[b] *Gidan*, garde haute [I]

Lorsque l'on prend la garde *gidan*, la main droite se positionne
à la hauteur de l'oreille. Il faut placer le bout de la poignée du
sabre légèrement vers l'avant et éviter de la faire pointer vers
l'extérieur. La poignée est maintenue ni trop serrée ni relâchée.
Il est important de ne pas trop avancer la main gauche et
d'ajuster sa hauteur de garde en fonction de celle de l'ennemi [II].
Selon l'attaque de l'ennemi, votre frappe pourra être rapide ou
lente, courte ou profonde, légère ou lourde. Visez la main de
l'ennemi, mais, plutôt que d'abattre simplement votre lame,
imaginez que vous frappez vers l'avant. Ensuite, vous pouvez
utiliser la technique *katsu-totsu* en dirigeant bien vos lames
vers le haut. Lorsque l'ennemi attaque, frappez de bas en haut
tout en imaginant que vous estoquez sa main droite. Il n'est pas
nécessaire de se soucier de heurter ou non le sabre de l'ennemi.
L'important ici est d'utiliser cette technique avec précision et
à grande vitesse. Par ailleurs, il est possible d'enchaîner cette
technique plusieurs fois de suite. Par contre, si l'ennemi est
trop près de vous, cela ne sera pas possible. Dans ce cas, il vaut
mieux parer pour gagner. Il faut discerner cela.

一、儀談　上段

儀談のかまへやうは、右の手を耳にくらぶるといふ心なり。
太刀の柄さきひらくこゝろなきやうに、手のうちしめずくつ
ろげず、前せばに構るなり。左にはさしいださず、その上中
下のこゝろは、敵の構にあり。打出すこと、遅速・浅深・軽重、
敵の打によるなり。表としては敵の手を打也。太刀筋下へ打
ことなし。むかふへ打物也。さて太刀筋、喝咄する時、太刀
の刃を立、敵の打、右の手をつく心にあげて打あぐること、
敵の太刀にあたりてもあたらでもおなじことなり。我が手前
ちがはぬやうに、はやく打こと専也。かつとつつゞく太刀す
ぢなれば、つゞくることもあり。敵あひ近くしてはなりがたし。
うけて取なり。分別すべし。

(I). Rappelons que *gidan* s'écrit
義断 dans le *Heihō kakitsuke*,
avec *gi* signifiant « moralité » ou
« rectitude » et *dan* « décision »,
tandis que dans le *Heihō sanjūkyū
kajō*, *gidan* s'écrit 儀談, soit *gi*
« cérémonie » et *dan* « réciter ».

(II). Voir article n° 34 « De la
garde sans garde ».

152

[c] *Uchoku*[I], garde latérale droite[II]

Concernant la garde *uchoku* ; le sabre long se positionne sur votre côté droit [lire gauche][III] ; la main gauche pas trop haute ; les mains se croisent légèrement. Cette fois encore, il faut frapper l'ennemi au tiers de son attaque. Si au moment où vous voulez rabattre votre sabre, vous heurtez celui de l'ennemi, absorbez puis changez la direction de la lame et pourfendez. L'essentiel ici est la vitesse. Au moment de changer la direction de la lame, faites attention de ne pas décrire un cercle avec le sabre, mais utilisez la même technique que pour *katsu-totsu kissaki-gaeshi*.

一、右直　右脇

右直の構は、太刀を右 [II] の脇へすつる心に構、左は高くなき
やうに、手をふかくゝみちがへぬやうに持、敵の打にあたる
こと、これも三分一にしてあたる。打落とさむと思ふ時、あ
たる心にして少下をぬき、すぢかへてきるなり。速きこと肝
要也。太刀すぢゆがむことなく、なをる所は、喝咄切先返た
るべし

(I). Dans le *Heihō kakitsuke Uchoku* s'écrit 迂直, avec *u* signifiant « détour » et *choku* « direct », alors que dans le *Heihō sanjūkyū kajō*, il se transforme en 右直, avec *u* « droite » (de droite-gauche).

(II). Le *Heihō sanjūkyū kajō* indique cette garde comme étant latérale droite, ce qui n'a pas de sens. Le changement de « gauche » à « droit » dans le corps du texte y est sans doute pour quelque chose (voir note III). Dans le *Heihō kakitsuke* et le *Gorin no sho*, cette garde est donnée comme latérale gauche.

(III). Nous donnons la version originale du *Heihō sanjūkyū kajō*. Dans le *Heihō kakitsuke*, que nous privilégions, « droit » ici se transforme en « gauche ». Rappelons que cette dernière lecture est confirmée dans le *Rouleau de l'eau* (TOKITSU K., *Miyamoto Musashi*, p. 61).

[d] *Shigeki* (I), garde latérale gauche (II)

Il existe deux façons de prendre *shigeki*. En premier lieu, le sabre long est jeté à l'avant (III). Lorsque l'ennemi attaque, frappez au tiers de son mouvement en évitant de diriger la pointe de votre sabre vers la gauche. Pour cela, levez et allongez le bras suffisamment pour que votre main dépasse la pointe du sabre de l'ennemi. Ensuite vous devez au plus vite retourner votre lame afin de pourfendre l'adversaire. Vous devez toujours garder à l'esprit de retourner vos pointes (*kissaki-gaeshi*) afin de positionner correctement vos lames.

En deuxième lieu, vous tenez votre sabre long pointe vers l'avant, la main sur la jambe droite. Lorsque l'ennemi est sur le point d'attaquer, frappez court ou profond, léger ou lourd selon ses intentions. Il faut bien discerner cette technique.

一、重気　左脇

しげきの構、ふたつあり。表としては、太刀を前にすてゝ構、太刀先左へよせずして、敵の打いだすに、三分一と云心にてあつる。当やう、我手をあげて、敵の太刀先に手のなきやうに、つき出して当る。敵打落とさむとするに、我が心をばはや打、手をくれて立つる。いづれも太刀筋、きつさきがへしになをる心あり。
又ひとつには、切先むかふにして、我右の足に手を付、ひつさぐると云心もち、敵の心のおこる所を打、浅深・軽重はてきの心によつてなり。この太刀よくよく分別あるべき也。

(I). *Shigeki* s'écrit 鷙撃 dans le *Heihō kakitsuke*, avec *shi* signifiant « oiseau de proie » ou « féroce » et *geki* « frappe » ou « attaque », alors que dans le *Heihō sanjūkyū kajō*, il devient 重気, avec *shige* « lourd » et *ki* « esprit » ou « force vitale ».

(II). Le *Heihō sanjūkyū kajō* indique cette garde comme étant latérale gauche. Le deuxième cas de figure évoqué par Musashi pourrait passer éventuellement pour une garde latérale droite, sabre sur la hanche pointant vers l'adversaire, mais certainement pas latérale gauche.
Le *Heihō kakitsuke* et le *Gorin no sho* nous parlent d'une garde basse, (TOKITSU K., *Miyamoto Musashi*, p. 61).

(III). Le sabre long « pend », incliné vers l'avant.

[e] *Suikei* [I], garde basse [II]

Lorsque l'on adopte la garde *suikei*, il ne faut pas écarter la pointe du sabre long et tendre la main gauche vers l'avant. Les deux mains délimitent un grand espace devant la poitrine, mais vous devez garder les coudes fléchis [II]. Quand l'ennemi attaque, ajustez la direction de votre lame et tranchez de bas en haut sa ligne centrale jusqu'à hauteur de son front. Pensez à frapper le plus vers l'avant possible. Il n'est pas bon de trancher vers la gauche. Ensuite, vous pourrez retourner votre pointe. De là, il est même possible de revenir à la garde *uchoku*. Discernez bien cela.

Il n'y a que cinq gardes et une façon unique de manier le sabre pour pourfendre. Gardez bien tout cela à l'esprit.

一、水形　下段

水形の構たること、太刀は先をひらかず、左のてをつきいだ
す。左右の手、ふところをひろく構、臂を伸さぬやうにして構、
ふり出す事、敵の打手を、すぢかへて、ひたひのうへゝふり
あげうつこと、敵の中筋をうつなり。前ひろに打心あり。左
へすぢかへうつことあしゝ。太刀すぢは、切先がへしに直る
ことなり。又ことによりて、右直の構になすことも有、分別
すべし。
惣而太刀構、五方にすぎず。敵を打といふことは、太刀の道
二つなし。これを以て心得あるべし。

(I). *Suikei* (水形) signifie « forme de l'eau ».

(II). Le *Heihō sanjūkyū kajō* indique cette garde comme étant basse. Le *Heihō kakitsuke* et le *Gorin no sho* nous révèlent ici une garde latérale droite (TOKITSU K., *Miyamoto Musashi*, p. 61).

Suisaiken y consacre un long passage de son *Enmei suisaiden bibōfu*. Il indique tout d'abord de faire pression sur l'adversaire avec le sabre court, mais de penser les deux sabres comme une seule et même arme. Il reprend aussi un thème cher à Musashi, celui des propriétés de l'eau (voir article n° 9 « De l'état d'esprit ») :

« L'eau s'adapte à tous les récipients. S'il y a du vent, elle s'agite et s'il n'y en a pas, elle s'apaise. Elle coule vers les terrains bas et n'a pas de conscience. C'est cela la vertu de l'eau. Vous devez acquérir cet état d'esprit. Comme l'eau, ne vous arrêtez pas et adaptez-vous à tous les récipients. » (IMAMURA Y., *Nihon budō taikei*, p. 105).

Miyamoto Musashi,『鵜図』(*Cormoran*)
Encre sur papier, 115 x 38cm
(Okayama Prefectural Museum of arts)

[39-2] De l'adhérence [155] [(I)]

Lorsque j'attaque mon ennemi et que celui-ci bloque ma frappe, il va vouloir rompre au plus vite. A ce moment là, je ne me préoccupe plus des sabres, mais cherche au contraire à me coller au plus près de l'ennemi [(II)]. Ainsi, son rythme en deviendra confus.

---

155. Cet article s'insère entre les articles n° 24 « Etouffer dans l'œuf » et n° 25 « Connaître les conditions » du *Heihō sanjūgo kajō*.

一、ネバリヲカクルト云事

ネバリヲカクルトハ、敵ニ太刀ヲ打カケ、敵太刀ニテ受、早クハヅサントスル時、心ヲ太刀ニツケズネバル也。是則敵ノ先ノ拍子チガフ也。

(I). On retrouve cet article dans le *Rouleau de l'eau*, mais de façon beaucoup plus détaillée (TOKITSU K., *Miyamoto Musashi*, p. 69).

Il est possible que la version rédigée dans le *Heihō sanjūkyū kajō* ait été le brouillon de l'article contenu dans le *Gorin no sho*.

(II). Ce passage est ambigu. L'auteur écrit : « ne pas avoir le sabre à l'esprit et adhérer ». Rien n'indique qu' « adhérer » signifie « se coller au plus près de l'ennemi ». On peut toutefois le déduire car, dans le *Gorin no sho*, ce texte se positionne dans la série des articles consacrés au corps-à-corps (articles n° 20 à 24 du *Rouleau de l'eau*) (TOKITSU K., *Miyamoto Musashi*, p. 67-69).

162

[39-3] Du lieu du combat [156] [(I)]

Il faut savoir discerner les conditions du lieu [du combat]. Quand vous vous mettez en garde, vous devez avoir le soleil dans le dos. Si, selon l'endroit, cela n'est pas possible, vous devez alors faire en sorte d'avoir le soleil sur votre droite. Il en va de même lorsque vous êtes à l'intérieur, la lumière doit être soit derrière vous soit sur votre droite. Une fois en garde, faites en sorte d'avoir du champ libre derrière vous et sur votre gauche, mais fermez l'espace sur votre droite. De la même façon, la nuit, afin de bien voir votre ennemi, placez-vous devant le feu ou gardez la lumière sur votre droite. Il est souvent avantageux de surplomber son ennemi. Essayez de toujours vous positionner sur un terrain légèrement plus haut. A l'intérieur, vous pouvez penser le mur d'honneur (*kamiza*) comme terrain haut. Lors d'une bataille, quand vous pourchassez un ennemi, il est important de le pousser vers la gauche, en essayant de le mettre dos à un terrain difficile, puis de l'y pousser. Bien sûr, il ne faut pas lui dévoiler vos intentions. L'ennemi ne doit pas pouvoir tourner la tête [et s'en rendre compte]. Pour cela, il faut le presser sans relâche. Il en va de même à l'intérieur. Vous devez pousser l'ennemi vers un seuil, un linteau, une porte, un panneau coulissant (*shōji*), un balcon ou bien encore un pilier, sans qu'il s'en rende compte. Quoi qu'il en soit, repoussez votre ennemi vers un terrain difficile ou vers un endroit où il sera gêné. Vous devez toujours savoir tirer parti du lieu. Il faut examiner cela minutieusement et s'y entraîner.

---

156. Cet article s'insère entre les articles n° 34 « De la garde sans garde » et n° 35 « Du corps tel un roc » du *Heihō sanjūgo kajō*.

一、場ノ次第ト云事

場ノクライヲ見ワクル所。場ニオイテ日ヲオフト云う事有。
日ヲウシロニナシテカマユル也。若、所ニヨリ、日ヲウシロ
ニスル事ナラザル時ハ、右ノワキヘ日ヲナスヨウニスベシ。
座敷ニテモ、アカリヲウシロ、右脇トナス事、同前也。ウシ
ロノ場ツマラザルヤウニ、左ノ場ヲクツロゲ、右ノワキノ場ヲ、
ツメテカマヘタキ事也。夜ニテモ敵ノミユル所ニテハ、火ヲ
ウシロニオイ、アカリヲ右脇ニスル事、同前ト心得テ、カマ
ユベキモノ也。敵ヲミオロストイヒテ、少モ高キ所ニカマユ
ルヤウニ心得ベシ。座敷ニテハ、上座ヲ高キ所トオモフベシ。
扨、戦ニナリテ、敵ヲ追廻ス事、我左ノ方ヘ追マワス心、難
所ヲ敵ノウシロニサセ、イヅレニテモ難所ヘ追掛ル事、肝要
也。難所ニテ、敵ニ場ヲ見セズトイヒテ、敵ニ顔ヲフラセズ、
油断ナクセリツムル心也。座敷ニテモ敷居・鴨居・戸・障子・
縁ナド、又柱ナドノ方ヘ追ツムルニモ、場ヲ見セズト云事、
同前也。イヅレモ敵ヲ追懸ル方、足場ノワルキ所、又ハ脇ニ
カマイノ有所、イヅレモ場ノ徳ヲ用テ、場ノカチヲ得ルト云
心専ニシテ、能々吟味シ、鍛錬有ルベキモノ也。

(I). On retrouve cet article à l'identique dans le *Rouleau du feu*
(TOKITSU K., *Miyamoto Musashi*, p. 81).

164

[39-4] Affronter plusieurs ennemis [157] (I)

J'explique ici le combat à un contre plusieurs ennemis. Je dégaine mes deux sabres et je prends une garde avec les bras complètement écartés, les lames pointant de chaque côté (II). Lorsque des ennemis attaquent de tous les côtés, je pense à les entraîner tous dans la même direction. Au moment où ils attaquent, je regarde devant et derrière, puis je frappe sans attendre celui qui me fait face, tout en continuant de voir autour de moi d'où arrivent les suivants. Je manie mes deux sabres de concert, mais dans des directions différentes. Un sabre s'en va pourfendre l'ennemi qui me fait face pendant que l'autre revient trancher l'adversaire qui arrive par le côté (III). Dans cette situation, la pire des erreurs est d'attendre. Je me mets rapidement en garde d'un côté puis de l'autre et je pourfends chaque ennemi qui vient. J'en poursuis et en renverse, puis je fais face aux suivants et les vaincs.

Dans tous les cas, il faut faire en sorte de presser les ennemis afin de les rassembler comme un banc de poissons. Une fois les uns sur les autres, et avant qu'ils ne puissent se séparer, j'attaque vigoureusement. Une fois les ennemis rassemblés, il n'est par contre pas nécessaire de les pousser plus avant. Il faut éviter également de réfléchir à la direction des attaques des ennemis parce que cela engendre un esprit attentiste. Vous devez intégrer le rythme des ennemis, sentir comment le casser et gagner.

Il est bon de s'exercer de temps en temps à repousser plusieurs partenaires. Une fois que vous aurez acquis cet état d'esprit, vous resterez serein que vous ayez à combattre contre un seul, dix ou vingt ennemis. Il faut bien s'y entraîner et discerner tout cela.

---

157. Cet article s'insère entre les articles n° 34 « De la garde sans garde » et n° 35 « Du corps tel un roc » du *Heihō sanjūgo kajō*.

一、多敵ノクライノ事

多敵ノクライト云ハ、一身ニシテ大勢トタヽカフ時ノ事也。
我刀・ワキザシヲヌキテ、左右ヘヒロク、太刀ヲ横ニステヽ、
カマユル也。敵ハ四方ヨリカヽルトモ、一方ヘオヒマワス心
也。敵カヽルクライ、前後ヲ見ワケテ、先ヘスヽムモノニ、
ハヤクユキアヒ、大キニ目ヲツケテ、敵打出スクライヲ得テ、
右ノ太刀モ左ノ太刀モ、一度ニフリチガヘテ、行ク太刀ニテ
前ノ敵ヲキリ、モドル太刀ニテワキニスヽム敵ヲキル心ナリ。
太刀ヲフリチガヘテ、待事悪シ。ハヤク両脇ノクライニカマ
ヘ、敵ノ出タル所ヲ、ツヨクキリコミ、オツクヅシテ、其儘、
又、敵ノ出タル方ヘカヽリ、フリクヅス心也。イカニモシテ、
敵ヲヒトヘニウヲツナギニ、オイナス心ニシカケテ、敵ノカ
サナルト見ヘバ、其儘間ヲスカサズ、強クハラヒコムベシ。
敵アイコム所、ヒタトオイマハシヌレバ、ハカノユキガタシ。
又敵ノ出ルカタガタト思ヘバ、待心アリテ、ハカユキガタシ。
敵ノ拍子ヲウケテクヅルヽ所ヲシリ、勝事也。折々アイ手ヲ
余多ヨセ、オイコミツケテ、其心ヲ得レバ、一人ノ敵モ、十、
二十ノ敵モ、心安キ事也。能々稽古シテ、吟味有ベキ也。

(I). Cet article est présent dans le *Rouleau de l'eau* (TOKITSU K.,
Miyamoto Musashi, p. 73).

(II). Musashi donne ici une nouvelle garde qui n'est décrite dans
l'article 39-1.

(III). « Un sabre s'en va (...) arrive par le côté (...) ». Ce passage est
absent de certaines copies du *Gorin no sho* (UOZUMI T., *Teihon, Gorin
no sho*, p. 120).

[39-5] [Post-scriptum] (I)

Dans ce rouleau, j'ai décrit d'une façon générale les principes de mon école d'escrime.

En stratégie (*heihō*) comme au combat au sabre, il s'agit de vaincre son adversaire. Les cinq fondamentaux [158] permettent de bien connaître les cinq gardes et la trajectoire du sabre ainsi que le corps souple et l'esprit vif. Ils enseignent les différents rythmes, confèrent à la main qui manie le sabre une aisance naturelle et harmonisent le corps, les jambes et l'esprit. Ainsi vous serez en mesure de gagner contre un ou plusieurs adversaires et de discerner l'exactitude ou le fourvoiement d'une stratégie (*heihō*). Etudiez le contenu de ce traité article par article, affrontez vos ennemis et, petit à petit, vous maîtriserez les principes de la voie (*michi*). Gardez toujours tout cela à l'esprit. Ne soyez pas pressé, entraînez-vous quand vous en avez l'occasion et vous atteindrez la vertu. Vous devez être capable de lire l'esprit de tous les adversaires que vous rencontrerez. Un chemin de mille lieues se fait pas à pas. Réfléchissez posément et comprenez que tout cela fait partie du devoir du guerrier (*bushi*). Il vous faut vaincre aujourd'hui ce que vous étiez hier, vous améliorer demain et surpasser l'excellence par la suite. Conformez-vous à ce qui est écrit dans ce traité et ne laissez pas votre esprit dévier de la voie. Quel que soit l'adversaire que vous vainquez, si vous le faites sans vous conformer à ce que vous avez appris, alors cela n'est pas la vraie voie. Si vous suivez ces principes, vous serez même capable de vaincre seul plusieurs dizaines d'adversaires à la fois. Ainsi, grâce à la sagesse de l'art du sabre, vous maîtriserez la stratégie (*heihō*) individuelle et celle de masse. Mille jours d'entraînement pour forger, dix mille jours d'entraînement pour polir. Cela nécessite beaucoup de pratique (II).

---

158. Il s'agit d'un article du *Rouleau de l'eau* (TOKITSU K., *Miyamoto Musashi*, p. 59-63).

右書付ル所、一流ノ剣術、大形此巻ニ記シ置事也。

兵法、太刀ヲ取テ、人ニ勝所ヲ覚ユルハ、先、五ツノオモテ
ヲ以テ、五方ノ構ヲシリ、太刀ノ道ヲ覚ヘテ、惣躰自由ニナ
リ、心ノキヽ出テ、道ノ拍子ヲシリ、オノレト太刀モ手サヘ
テ、身モ足モ心ノ儘ニホドケタル時ニ随ヒ、一人ニカチ、二
人ニカチ、兵法ノ善悪ヲシル程ニナリ、此一書ノ内ヲ、一ケ
条一ケ条ト稽古シテ、敵トタヽカヒ、次第次第ニ道ノ利ヲ得
テ、不断心ニ懸、イソグ心ナクシテ、折々手ニフレテハ徳ヲ
覚ヘ、イヅレノ人トモ打合、其心ヲシツテ、千里ノ道モ、ヒ
ト足宛ハコブナリ。緩々ト思ヒ、此法ヲオコナフ事、武士ノ
役ナリト心得テ、ケフハキノフノ我ニカチ、アスハ下手ニカチ、
後ハ上手ニ勝トオモヒ、此書物ノゴトクニシテ、少モワキノ
道ヘ心ノユカザルヤウニ思フベシ。縦何程ノ敵ニ打カチテモ、
ナラヒニ背ク事ニオヰテハ、実ノ道ニアルベカラズ。此利心
ニウカビテハ、一身ヲ以テ、数十人ニモ勝心ノワキマヘアル
ベシ。然上ハ、剣術ノ智力ニテ、大分・一分ノ兵法ヲモ得道
スベシ。千日ノ稽古ヲ鍛トシ、万日ノ稽古ヲ練トス。能々工
夫有ベキモノ也。

***

(I). Il y a en réalité deux post-scriptum distincts qui se suivent. Le premier est une copie du dernier paragraphe du *Rouleau de l'eau* du *Gorin no sho*. Le second est de la main de Terao Kumenosuke.

(II). Ici se termine le premier post-scriptum, c'est-à-dire celui de Musashi.

Ce traité fut écrit à la demande du seigneur Urin Tadatoshi[159].
Moi, Terao Kumenosuke Nobuyuki, en ai hérité par la suite.

Mon Maître Genshin[160] a, depuis sa jeunesse, suivi la voie.
Il apprit tous les arts et acquit les principes de la stratégie
(*heihō*) pour finalement atteindre l'illumination. Il vainquit
les plus célèbres maîtres de la stratégie (*heihō*) et combattit
contre les meilleurs bretteurs (*heihō*) à travers tout le pays,
que ce soit au sabre (*shinken*) ou au sabre de bois (*bokutō*). Il
participa à plus de soixante duels et jamais ne perdit. Il désirait
néanmoins approfondir [son art] et s'entraîna du matin au soir
pour finalement atteindre le niveau ultime à l'âge de cinquante
ans. Après cela, il n'eut plus rien à apprendre et le temps passa.
Jusqu'alors, il n'avait encore jamais écrit sur la stratégie (*heihō*).

Le précédent seigneur de la province de Hishū[161], Urin
Tadatoshi, était un fervent adepte de la stratégie (*heihō*) et avait
étudié les arts martiaux (*heihō*) de différentes écoles. Il avait
même reçu la transmission ultime de Yagyū Tajimanokami[162],
que beaucoup considèrent comme sans égal sur terre dans
l'art de la stratégie (*heihō*) et de l'escrime. Il [Tadatoshi] se
demandait si quelqu'un pouvait battre ces principes [de l'école
Yagyū Shinkage-ryū]. Il décida donc de se mesurer à mon Maître
mais ne parvint pas une seule fois à gagner. Il fut si surpris qu'il
demanda à mon Maître de lui enseigner les arcanes de la stratégie
(*heihō*). Mon Maître lui dit : « En ce qui concerne la grande loi
de la stratégie (*heihō*), et ceci est vrai pour toutes les traditions,
vos actions doivent toujours se conformer à la voie de la sincérité ;
autrement, ce n'est pas la vraie voie. » Le seigneur répondit : «
Je ne suis peut-être pas très habile, mais je vous prie de bien
vouloir m'enseigner. » C'est ainsi qu'il commença à rédiger cet

---

159. Hosokawa Tadatoshi.

160. Miyamoto Musashi.

161. Actuelle préfecture de Kumamoto.

162. Yagyū Munenori (柳生宗矩).

右一書、初応二羽林忠利公之命、録献之一書、寺尾求馬信行相伝。

此書タル事、玄信先生、若年ヨリ此道ニ志、諸能諸芸ニ渡リ、其道ニ於テモ兵法ノ道理ヲ以テ、其道ノ得道ヲ得、天下ニ名ヲ発シタル兵法者ニ打勝、其後日本国所々ニ於ヒテ、兵法之達者ト対シテ、真剣木刀之勝負、六十余度ニ及ト云エドモ、一度モ其理ヲ失ハズ、弥深淵ニ至ント朝鍛夕練シテ、歳五十ニシテ直道至極ニ至リ、是ヨリシテハ尋入ベキ理モナク、光陰ヲ送ル。此時マデハ兵法ノ書タル事ヲ不﹅顕也。

茲ニ、前肥州之太守羽林忠利公、此道数奇玉フ故、諸流ノ兵法稽古シ玉ヒ、其比天下無双ノ聞ヘアル剣術之兵法柳生但馬守一流之奥義ヲ窮メラレ、恐ラクハ此理ヲ誰カシク者アラント、自撰シ玉ヒ、先生ト刀ヲクベラルルニ、一度モ利ナシ。茲ニ因リテ初テ驚テ兵法ヲ先生ニ尋玉フ。先生ノ曰ク、「兵法ノ心法、何レノ流ニヨラズ、至誠ノ道ハ我ナス所ニ随ハザレバ、真道ニアラズ」。公曰ク「吾不敏ナリト云ドモ、伝授セン」ト。茲ニ因リテ初テ此書ヲ作テ奉﹅授与﹅。〔因リテ先生親敷〕公ニ兵法之道ヲ説クニ、公幸ニ兵法ノ智在ニヨリ、即時ニ道理通達シ、「吾若年ヨリ剣術ニ志、諸流ヲ試ミ鍛練セシ事、一ツモ真ノ道ニ非ズ。多年ノ修行、此ニ敗シ無トスル哉」ト感ジ悦ビ玉フコト不﹅斜。然ニ吾信行、如何ナル宿縁ニテカ、先生ノ志、他ニ異ニシテ、因縁深カリケレバ、此道ヲ稽古シ、先生ノ心源ヲ移シ、得道ヲ得タリ。先生曰ク、「吾一朝ニシテ千君万卒ニ此道ヲ指南スト云ドモ、未ダ一人モ真道移ラザレバ、誠ノ伝受顕ハス事ナシ。信行兵法ノ智賢ク、一ヲ以テ十ヲサトル。其器万人ニコヘタル故ニ、兵法ノ通利自在ヲ得事、珍ナル哉。妙ナル哉」ト感ゼシメ玉フ。サレドモ此道タル事、剣術ノ法ニ違ヒテ、スク人稀ニシテ、尋ヌル者ナシ。尋ヌレドモ真実ノ志ヲ以テセズ。心ヲ心トスルノ道ナレバ、不﹅随人之心言ベカラズ、鼻ヲ以テ口トスルニ如カズト深ク秘シテ、数歳ヲ経、闇々トシテ不﹅知ガゴトク光陰ヲ送ル。

茲ニ安東之姓平正俊、多年当流ノ兵法ヲ修習シテ未ダ至極ニ到ラズ、此便利一生ニ得之事ヲ願フ。真実ノ志、天道ニ通シテ、吾是ヲ知レリ。志ノ切ナルハ必然トシテ至ル事アリ、何ゾ誤ント、兵法ノ真理ヲ説顕ハシ、直通伝受ノ口伝、指南ニ於ヒテートシテ無﹅残事﹅相伝シ、已ニ至極之道ニ到ラシム。茲ニ

essai pour le lui offrir. Mon Maître expliqua l'escrime (*heihō*) au seigneur avec affection. Celui-ci était finalement très doué et comprenait tout très rapidement. Il confia avec joie : « Depuis que je suis jeune, je m'intéresse à l'escrime. J'ai étudié plusieurs traditions avec sérieux, pourtant aujourd'hui aucune d'elles ne me semble la vraie voie. Tout ce que j'ai appris pendant de longues années, je dois maintenant l'oublier. » De la même façon, moi, Nobuyuki, grâce au destin, ai pu recevoir l'attention toute particulière de mon Maître. Profitant de cette profonde relation, j'ai étudié la stratégie (*heihō*) à la source de son esprit et suis finalement parvenu à la voie. Un jour, mon Maître me dit : « J'ai enseigné à un grand nombre de personnes jusqu'à maintenant, mais aucune n'a pu réaliser la vraie voie. C'est pourquoi je ne leur ai jamais révélé les principes ultimes. Nobuyuki, vous avez un don pour la stratégie (*heihō*) et il suffit de vous dire une chose pour que vous en déduisiez dix. Vous les avez tous dépassés et de vous émanent les principes essentiels. C'est quelque chose de très rare. Je suis très impressionné. » Cette voie n'est pas qu'une simple méthode d'escrime. Peu de gens s'y intéressent et persévèrent. De plus, parmi ceux qui s'y intéressent peu sont sincères. A ceux-là, mieux vaut ne rien dire du tout. Je me suis donc tu et je n'ai rien révélé pendant de longues années, feignant l'ignorance.

Avec moi, il y a Ando Masatoshi[163], descendant des Taïra[164]. Il a étudié avec sérieux et pendant de longues années les techniques (*heihō*) de notre école, mais ne parvenait pas à maîtriser les principes ultimes. Pourtant, j'étais convaincu de la sincérité de ses intentions et espérais qu'il y arriverait un jour. Lorsque l'on désire vraiment quelque chose, on y arrive inévitablement. Je lui ai enseigné avec beaucoup de sérieux les vrais principes de la

---

163. Dans d'autres copies, il est écrit ici : « Mon ami Yasumasa ». Si on tronque le nom Ando Masatoshi (安東之姓), on obtient 安之 qui peut effectivement se lire « Yasumasa ».

164. Célèbre famille de samouraïs.

因リテ、此師伝之書ヲ与フ。世ニ稀ナル所也。万理一空、非通無応ナレバ、名号ス実相円満之兵法逝去不絶二天一流矣。

　寛文六　丙午　中秋中旬之日

　　　　　　　寺尾求馬助

stratégie (*heihō*), directement de bouche à oreille, sans négliger un seul aspect. Il a finalement atteint le niveau ultime de la voie. C'est pourquoi je lui transmet aujourd'hui ce manuscrit ; ceci est un instant solennel. Tous les principes retournent au vide, intangible et immatériel. Notre école de la stratégie (*heihō*) véritable et sereine se nomme Niten Ichi-ryū et se perpétue pour l'éternité.

An 6 de l'ère Kanbun, année du cheval de feu, au milieu du 8e mois [13 septembre 1666]

Terao Kumenosuke

Annexe 1

Texte de l'épitaphe de Kokura en japonais moderne.
D'après FUKUDA Masahide, *Miyamoto Musashi, Kenkyū ronbunshū*, Tokyo, Rekiken, 2003, p. 200-204.

天仰実相円満　兵法逝去不絶

時に、承応三年四月十九日、孝子某、謹で建焉。

正保二年乙酉暦五月十九日、肥後国熊本に於て卒す。

兵法天下無双　播州赤松末流新免武蔵玄信二天居士の碑

機に臨み変に応ずるは、良将の達道なり。武を講じ、兵を習ふは軍旅の用事なり。心を文武の門に遊ばせ、手を兵術の場に舞はせて、名誉を逞しくする人は、其れ誰ぞや。播州の英産、赤松の末葉、新免の後裔、武蔵玄信、二天と号す。

想ふに夫れ、天資曠達、細行に拘らず、蓋し斯れ其の人か。二刀兵法の元祖と為るなり。

父、新免無二と号し、十手の家を為す。武蔵、家業を受け、朝讃暮研す。思惟考索して、十手の利は一刀に倍すること甚だ以て夥しきを灼知す。然りと雖も、十手は常用の器に非ず、二刀は是、腰間の具なり。乃ち二刀を以て十手の理と為せば、其の徳違ふこと無し。故に十手を改めて二刀の家を為す。

誠に武剣の精選なり。或ひは真剣を飛ばし、或ひは木戟を投げ、北る者、走る者、逃避する能はず。其の勢、恰も強弩を発するが如し。百発百中、養由も斯れに踰ゆる無し。

夫れ惟、兵術を手に得、勇功を身に彰す。方に年十三にして始む。播州に到り、新当流、有馬喜兵衛なる者と進んで雌雄を決し、忽ち勝利を得たり。

十六歳春、但馬国に至る。大力量の兵術の人、秋山と名のる者有り。又、反掌の間に勝負を決し、其の人を打ち殺す。芳声街に満つ。

後、京師に到る。扶桑第一の兵術、吉岡なる者有り。雌雄を決せんことを請ふ。彼の家の嗣、清十郎、洛外蓮台野に於いて竜虎の威を争ひ、勝敗を決すと雖も、木刃の一撃に触れて、吉岡、眼前に倒れ伏して息絶ゆ。予て、一撃の諾有るに依り、命根を補弼す。彼の門生等、助けて板上に乗せ去り、薬治、温湯し、漸くにして復す。遂に兵術を棄て、薙髪し畢んぬ。

然る後、吉岡伝七郎、又、洛外に出で、雌雄を決す。伝七、五尺余の木刃を袖にして来る。武蔵、其の機に臨んで彼の木刃を奪ひ、之を撃ちて地に伏す。立ち所に吉岡死す。

門生、冤を含み、密かに語りて云く、兵術の妙を以ては、敵対すべき所に非ずと。籌を帷幄に運らして、吉岡亦七郎、事を兵術に寄せ、洛外下り松辺に会す。彼の門生数百人、兵仗弓箭を以て、忽ち之を害せんと欲す。武蔵、平日、先を知るの才有り。非義の働きを察して、窃かに吾が門生に謂て云く、汝等、傍人と為りて速やかに退け。縦ひ、怨敵、群を成し、隊を成すとも、吾に於いて之を視るに、浮雲の如し。何の恐ること之有るや。衆の敵を散ずるや、走狗の猛獣を追ふに似たり。威を震ひて帰る。洛陽の人皆、之を感嘆す。勇勢知謀、一人を以て万人を敵する者は、実に兵家の妙法なり。

是より先、吉岡は代々公方の師範を為し、扶桑第一の兵術者の号有り。霊陽院義昭公の時に当たり、新免無二を召して、吉岡と兵術をして勝負を決せしむ。三度を以て限り、吉岡、一度利を得、新免、両度勝ちを決す。是に於いて新免無二をして日下無双兵法術者の号を賜ふ。故に武蔵、洛陽に到り、吉岡と数度の勝負を決し、遂に吉岡兵法の家泯び絶ゆ。

爰に兵術の達人、岩流と名のる有り。彼と雌雄を決せんことを求む。岩流云く、真剣を以て雌雄を決せんことを請ふ。武蔵対へて云く、汝は白刃を揮ひて其の妙を尽くせ。吾は木戟を提げて此の秘を顕はさんと。堅く漆約を結ぶ。長門と豊前との際、海中に嶋有り。舟嶋と謂ふ。両雄、同時に相会す。岩流、三尺の白刃を手にして来たり、命を顧みずして術を尽くす。武蔵、木刃の一撃を以て之を殺す。電光も猶遅し。故に俗、舟嶋を改めて岩流嶋と謂ふ。

凡そ、十三より壮年迄、兵術勝負六十余場、一つも勝たざる無し。且つ定めて云く、敵の眉八字の間を打たざれば勝ちを取らずと。毎に其の的を違はず。古より兵術の雌雄を決する人、其の数を算するに幾千万かを知らず。然りと雖も、夷洛に於いて英雄豪傑の前に向かひ人を打ち殺す。今古其の名を知らず。武蔵一人に属するのみ。兵術の威名、四夷に遍き、其の誉れや、古老の口に絶えず、今人の肝に銘じる所なり。誠に奇なるかな、妙なるかな。力量旱雄、尤も他に異なれり。

武蔵、常に言う、兵術を手に熟し、心に得て、一毫も私無ければ、則

ち、戦場に於て恐れる事もなく、大軍を領する事も、又、国を治る事も、豈に難からんやと。

豊臣太閤の嬖臣、石田治部少輔謀叛の時、或ひは、摂州大阪に於いて、秀頼公兵乱の時、武蔵の勇功佳名は縦に海の口、渓の舌に有り、寧ろ説き盡し、簡略に之を記さず。

旃加、礼、楽、射、御、書、数の文に通ぜざる無し。況や小芸巧業をや。殆ど為して為さざる無き者か。蓋し大丈夫の一体なり。

肥之後州に於いて卒する時、自ら、天を仰げば実相円満之兵法逝去して絶えず、の字を書き、以て言う、遺像と為せと。故に孝子、碑を立て、以て不朽に伝へ、後人に見せしむ。嗚呼、偉なるかな。

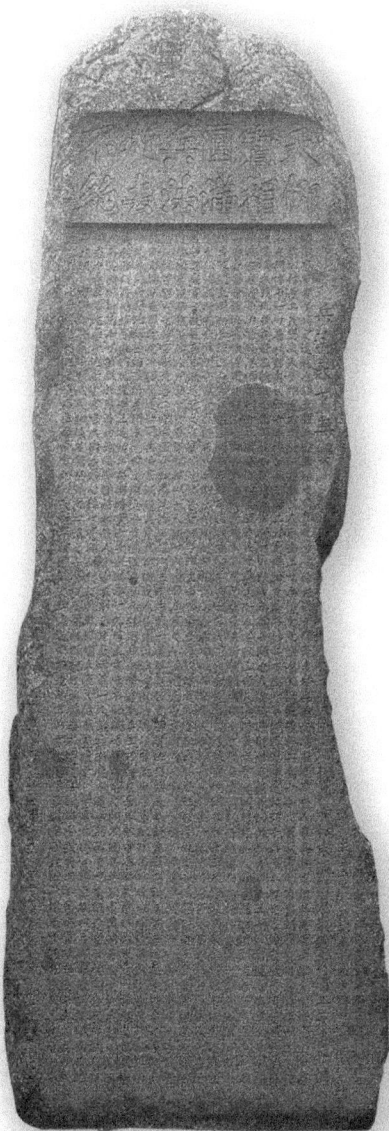

Pierre portant l'épitaphe de Kokura (1654)
(photo de l'auteur)

Annexe 2

Table des matières combinée du *Heihō sanjūgo kajō* et du *Heihō sanjūkyū kajō*

Table des matières combinée du *Heihō sanjūgo kajō* et du *Heihō sanjūkyū kajō*, telle que nous l'avons établie dans ce livre.

Heihō 35/39 kajō

Annexe 3

Comparaison des tables des matières du *Heihō kakitsuke* et du *Heihō 35/39 kajō*.

Table des matières du *Heihō kakitsuke*. Nous traduisons celle donnée par Uozumi Takashi puis la comparons avec les articles du *Heihō 35/39 kajō*.

Heihō kakitsuke (1638)	*Heihō 35/39 kajō* (1641/1666)
1. [Préface]	
2. De l'état d'esprit	9. De l'état d'esprit
3. Du *metsuke*	7. De la façon de regarder
4. De la posture	5. De la posture
5. De la tenue du Sabre	4. De la tenue du sabre
6. Des déplacements	6. Des déplacements
7. Des cinq gardes au sabre	
a) *Enkyoku*	
b) *Gidan*	39-1 b. *Gidan*
c) *Shigeki*	39-1 d. *Shigeki*
d) *Uchoku*	39-1 c. *Uchoku*
e) *Suikei*	39-1 e. *Suikei*
8. Frapper et toucher	13. Frapper et toucher
9. Des huit façons de toucher à la main	
10. Des six façons de toucher au pied	
11. De la parade	
12. A propos d'*irimi*	30. Du corps du singe en automne
13. Du rythme pour frapper l'ennemi	23. De la connaissance des différents rythmes
14. De l'initiative	14. Des trois initiatives
15. Du cri	

Annexe 4

Comparaison des tables des matières du *Heihō 35/39 kajō* et du *Gorin no sho*.

Table comparée du *Gorin no sho*. Pour des raisons pratiques, nous redonnons ici la nomenclature de Tokitsu Kenji.

Heihō 35/39 kajō (1641/1666)	*Gorin no sho* (1645)
	Rouleau de la terre
	1. [Préface]
	2. A propos de la voie de la stratégie
	3. Comparaison de la voie de la stratégie avec celle du charpentier
	4. La voie de la stratégie
	5. J'écris la stratégie en cinq rouleaux
2. Pourquoi avoir intitulé cette voie « Voie des deux sabres »	6. Je donne à mon école le nom d'Ecole des deux sabres
	7. Connaître la signification des deux idéogrammes Hyô-hô
	8. Connaître l'avantage de chaque arme dans la stratégie
	9. Les cadences dans la stratégie
	10. [Post-scriptum]
	Rouleau de l'eau
	1. [Préface]
9. De l'état d'esprit	2. L'état d'esprit en stratégie
5. De la posture	3. La posture en stratégie
7. De la façon de regarder	4. La façon de regarder en stratégie
4. De la tenue du sabre	5. La façon de tenir le sabre
6. Des déplacements ; 17. Des deux pas	6. La façon de déplacer les pieds
	7. Les cinq positions de la garde
12. De la voie du sabre	8. Le trajet du sabre
39-1. Des cinq directions de la garde	9. La série des cinq formules techniques

188

Rouleau du vent

5. Les écoles qui comptent un grand nombre de
techniques
6. Les écoles qui insistent sur l'importance de la
garde dans l'art du sabre
7. Les écoles qui enseignent une façon particulière
de regarder

6. Des déplacements [partiel]   **8.** Les écoles qui enseignent diverses façons de se déplacer
9. Les écoles qui insistent sur la vitesse
10. Les écoles qui distinguent le fond et la surface
11. [Post-scriptum]

Rouleau du ciel

1. [Argument]

Bibliographie

192

ALL JAPAN KENDO FEDERATION, 剣道和英辞典 *Japnese-English dictionary of kendo*, Tokyo, All Japan Kendo Federation, 2011.

ASOSHINA Yasuo (éd.), *Zusetsu, Miyamoto Musashi no jitsuzō*, Tokyo, Shin Jinbutsu Ourai-sha, 2003.
　阿蘇品保夫編『図説　宮本武蔵の実像』、新人物往来社、2003年。

BITTMANN Heiko, NIEHAUS Andreas, *Schwert und Samurai: Traktate zur japanischen Schwertkunst*, s.l., Heiko Bittmann, 2006.

DE LANGE William, *The Real Musashi, Origins of a legend, The Bushū Denraiki*, Warren, Floating World Editions, 2010.

DE LANGE William, *The Real Musashi, Origins of a legend II., The Bukōden*, Warren, Floating World Editions, 2011.

FUKUDA Masahide, *Miyamoto Musashi, Kenkyū ronbunshū*, Tokyo, Rekiken, 2003.
　福田正秀『宮本武蔵研究論文集』、歴研、2003年。

GROFF David K., *The Five Rings, Miyamoto Musashi's Art of Strategy*, Londres, Watkins Publishing, 2012.

HAYAKAWA Junzaburō (éd.), *Bujutsu Sōsho*, Tokyo, Hachiman Shoten, 2003 (1ère édition : 1915).
　早川純三郎編『武術叢書』、八幡書店、2003年。

Hʏᴜɴʏᴏɴɢ Kim, Yᴀɴᴏsʜɪᴛᴀ Michiko, « On the Theory of 'Jiriittchi' found in the Martial Arts: Focusing on the Kegonshu Thought », in *Hiroshima bunka gakuen tanki daigaku kiyō,* vol. 47, 2014, p. 39-46.

金炫勇、矢野下美智子『武道における「事理一致」に関する一考察 : 華厳宗思想に着目して』、広島文化学園短期大学紀要 47、2014年。

Iᴍᴀᴍᴜʀᴀ Yoshio, *Nihon budō taikei, Vol II., Kenjutsu (2)*, Kyoto, Dōhōsha, 1982.

今村嘉雄『日本武道大系・第二巻　剣術（二）』、株式会社同朋舎出版、1982年。

Iɴᴀɢᴀᴋɪ Hisao, *A Dictionary of Japanese Buddhist Terms*, Kyoto, Nagata Bunshodo, 1984.

Iᴡᴀᴍᴏᴛᴏ Yutaka, *Nihon bukkyōgo jiten*, Tokyo, Heibon-sha, 1988.

岩本裕『日本佛教語辞典』、平凡社、1988年。

Mᴀᴄʜɪᴅᴀ Teruo, « Die Essenz der Schwertkampftechniken von Miyamoto Musashi — Eine interpretative Übersetzung seiner „Heiho Sanjugokajo" — », in *Bulletin of Nippon Sport Science University*, vol.42-1, 2012, p. 51-66.

Mᴀᴄʜɪᴅᴀ Teruo, « The Essence of the Swordfighting Techniques of Miyamoto Musashi — an Interpretive Translation of his "Heiho Sanjugokajo"— », in *Bulletin of Nippon Sport Science University*, vol.42-2, 2013, p. 165-179.

194

MARUOKA Muneo (éd.), *Miyamoto Musashi meihin shūsei*, Tokyo, Kodansha, 1984.

丸岡宗男編『宮本武蔵名品集成』、株式会社講談社、1984年。

MIHASHI Kan'ichirō (éd.), *Kendō hiyō*, Kyoto, Butokushi Hakkōjo, 1909.

三橋鑑一郎註『剣道秘要』、武徳誌発行所、1909年。

MIYAMOTO MUSASHI ISEKI KENSHŌKAI, *Miyamoto Musashi*, Tokyo, Miyamoto Musashi Iseki Kenshōkai, 1909.

宮本武蔵遺蹟顕彰会註『宮本武蔵』、1909年。

NAKAMURA Hajime, *Bukkyōgo daijiten, Shukusatsuban*, Tokyo, Shoseki, 1981.

中村元『佛教語大辞典。縮刷版』、東京書籍、1981年。

NAKAMURA Hajime, *Shin bukkyō jiten*, Tokyo, Seishin Shobō, 1962.

中村元『新・佛教辞典』、誠信書房、1962年。

NOMA Hisashi, *Kendō tokuhon*, Tokyo, Kodansha, 1939.

野間恒『剣道読本』、株式会社大日本雄弁会講談社、1939年。

ŌURA Tatsuo, *Miyamoto Musashi no shinzui*, Tokyo, Manejimento-sha, 1989.

大浦辰男『宮本武蔵の真髄』、マネジメント社、1989年。

Rogers John M., « Arts of War in Times of Peace, Swordsmanship in *Honcho Bugei Shoden*, chapter 6 », in *Monumenta nipponica*, vol. 46-2, 1991, p. 173-202.

Sesko Markus, *Tameshigiri, The History and Development of Japanese Sword Testing*, s.l., Lulu Enterprises, 2014.

Takano Sasaburō, *Kendō*, Tokyo, Shimazu Shobō, 1982 (1ère édition : 1913).
高野佐三郎『剣道』、島津書房、1982年。

Taniguchi Motome, *Kanjin, Miyamoto Musashi Genshin*, Tokyo, Buōsha, 1999.
谷口覓『勧進 宮本武蔵玄信』、武王社、1999年。

Tatsugi Yukitoshi *et al.*, « Kinse ryūha kenjutsu kara kindai kendō he no tenkai katei, Ittō-ryū no kenkyū wo chūshin ni », in *Budō, supōtsu kagaku kenkyūjo nenpō*, vol 20, 2014, p. 39-64.
立木幸敏研究代表者『近世流派剣術から近代剣道への展開過程 ― 一刀流の研究を中心に―』、武道・スポーツ科学研究所年報 第20号、2014年。

Tokitsu Kenji, *Miyamoto Musashi, Maître de sabre japonais du XVIIᵉ siècle, L'homme et l'œuvre, mythe et réalité*, Gap, Edition DésIris, 1998.

Tsukamoto Yoshitaka (éd.), *Mochizuki bukkyō daijiten*, 10 volumes, Tokyo, Sekai Seiten Kankō Kyōkai, 1999.
塚本善隆『望月佛教大辭典』、世界聖典刊行協会、1999年。

196

Uozumi Takashi, *Miyamoto Musashi, "Heihō no michi" wo ikiru*, Tokyo, Iwanami Shoten, 2008.
　魚住孝至『宮本武蔵。「兵法の道」を生きる』、岩波書店、2008年。

Uozumi Takashi, *Miyamoto Musashi, Nihonjin no michi*, Tokyo, Perikansha, 2002.
　魚住孝至『宮本武蔵。日本人の道』、ペリカン社、2002年。

Uozumi Takashi, « Research of Miyamoto Misashi's *"Gorin no Sho"* », in *Budo studies, An anthology of research into budo in the 21st century*, Katsuura, Institute of Budo, 2000, p. 1-37.

Uozumi Takashi, « Research of Miyamoto Musashi's *Gorin no sho*, From the Perspective of Japanese Intellectual History », in Bennett Alexander (éd.), *Budo Perspectives*, vol.1, Auckland, Kendo World Publications Ltd., 2005, p. 45-67.

Uozumi Takashi, *Teihon, Gorin no sho*, Tokyo, Shin Jinbutsu Ōraisha, 2005.
　魚住孝至『定本五輪書』、新人物往来社、2005年。

Uozumi Takashi *et al.*, « Nihon no budō bunka no seiritsu kiban, Shinkage-ryū to Ittō-ryū kenjutsu no kenkyū wo tōshite », in *Budō, supōtsu kagaku kenkyūjo nenpō*, vol 14, 2008, p. 133-166 ; vol 15, 2009, p. 119-148 ; vol 16, 2010, p. 98-134 ; vol 17, 2011, p. 107-144 ; vol 18, 2012, p. 105-138 ; vol 19, 2013, p. 27-48.
　魚住孝至研究代表者『日本の武道文化の成立基盤―新陰流と一刀流剣術の研究を通して』、武道・スポーツ科学研究所年報 第14号~ 第19号、2008年~ 2013年。

Vocabulario da Lingoa de Iapam com Adeclaração em Portugues ... feito por alguns Padres e Irmaõs da Companhia de Iesu, Nagasaki, Compagnie de Jésus, 1603.

W<small>ILSON</small> William Scott, *The Book of Five Rings*, Tokyo, Kodansha International, 2001.

W<small>ILSON</small> William Scott, *The Demon's Sermon on the Martial Arts and Other Tales*, Tokyo, Kodansha International, 2006.

W<small>ILSON</small> William Scott, *The Life-Giving Sword, Secret Teachings from the House of the Shogun, The Classic Text on Zen and the No-Sword by Musashi's Great Rival*, Tokyo, Kodansha International, 2003.

W<small>ILSON</small> William Scott, *The Lone Samurai, The Life of Miyamoto Musashi*, Tokyo, Kodansha International, 2004.

W<small>ILSON</small> William Scott, *The Unfettered Mind, Writings of the Zen Master to the Sword Master*, Tokyo, Kodansha International, 1986.

Y<small>AMADA</small> Jirōkichi, *Zoku kendō shūgi*, Tokyo, Suishinsha, 1923.
山田次朗吉『続剣道集義』、水心社、1923年。

Y<small>OSHIKAWA</small> Eiji, *La pierre et le sabre*, Paris, J'ai Lu, 2000.

Y<small>OSHIKAWA</small> Eiji, *La parfaite lumière*, Paris, J'ai Lu, 2000.

Index

Les noms de personnes et de lieux sont en caractères droits alors que les mots japonais, les termes techniques et les concepts philosophiques sont en italiques.

I no kokoro (cœur de l'esprit) : 59, 73, 108, 148

In (voir yin)

Irimi (entrer dans le corps) : 115

Irimi-tenkan (concept) : 75

Ishida Jibu-no-shō (rébellion) (voir Ishida Mitsunari) : 19

Ishida Mitsunari : 19

Ishiyumi (arme) : 15

Issai Chozan : 32

Issoku-ittō (un pas, un sabre) : 79

Issoku-ittō no maai (distance) : 79

Itokane (outil) : 66, 67, 102

Itsuhyōshi (rythme unaire) : 96, 97

Ittō-ryū (voir aussi Ono-ha Ittō-ryū) : 5

Jikidō (voir *jikitsū*) : 133

Jikitsū (enseignement ultime) : 130, 131, 132

Jōdan no kamae (garde) : 125

Jutte (arme) : 12, 14, 30

Kai no sen (initiative) : 74

Kamae (garde) (voir *Gohō no kamae no shidai, chūdan, jōdan, gedan, waki-gamae, mu-gamae, hassō no kamae, katsu-totsu kissaki-gaeshi, enkyoku, gi-dan, uchoku, shigeki, suikei*) : 33, 62, 74, 89, 90, 91, 103, 124, 125, 142, 164

Kamiza (mur d'honneur) : 162

Kanken no metsuke (concept) : 53, 54

Liste des illustrations

Table des matières

Présentation des auteurs

Sergio Boffa, PhD

Docteur en histoire de l'Université de Cambridge, Sergio Boffa s'est spécialisé dans l'histoire militaire du Moyen-Âge occidental et japonais. Il pratique plusieurs arts martiaux dont le kendo et l'iaido. Des séjours réguliers au Japon, tant comme chercheur à l'université que comme apprenti chez un polisseur de sabre, lui ont permis d'approfondir ses connaissances sur l'histoire et la culture japonaises.

Baptiste Tavernier, MA

Basé au Japon, il pratique différents arts martiaux, modernes et anciens. Il étudie pendant sept années leur histoire et leur philosophie à l'International Budo University (Katsuura). Il s'implique désormais dans divers projets au sein de la All Japan Jukendo Federation et la International Naginata Federation.

Notes

Notes

Notes

Lightning Source UK Ltd.
Milton Keynes UK
UKHW011846200622
404718UK00002B/60